易中天

中華史

青春誌

商務印書館

本書由杭州果麥文化傳媒有限公司授權本公司在香港澳門地區出版發行

中華史第四卷
青春誌

作　　　者：易中天

學術顧問：陳　勤

責任編輯：徐昕宇

封面設計：張　毅

出　　　版：商務印書館 (香港) 有限公司

　　　　　　香港筲箕灣耀興道 3 號東滙廣場 8 樓

　　　　　　http://www.commercialpress.com.hk

發　　　行：香港聯合書刊物流有限公司

　　　　　　香港新界大埔汀麗路 36 號中華商務印刷大廈 3 字樓

印　　　刷：美雅印刷製本有限公司

　　　　　　九龍觀塘榮業街 6 號海濱工業大廈 4 樓 A

版　　　次：2013 年 11 月第 1 版第 1 次印刷

　　　　　　© 2013 商務印書館 (香港) 有限公司

　　　　　　ISBN 978 962 07 4487 7

　　　　　　Printed in Hong Kong

從西周到春秋，是我們民族的少年時代。那時的華夏之人，青春靚麗，風流倜儻，英姿勃發，血氣方剛，在廣闊的舞台上演了一幕幕勾人魂魄的大戲。

目錄

第一章
刺客

003　復仇者

006　誰該去死

009　拔出你的劍來

012　行刺，還是演出

015　殺手情

019　這樣的女人和男人

第二章
情人

027　尤物夏姬

031　鄭國女孩

037　風流本非罪過

043　不幸與萬幸

048　情種巫臣

052　賴不到神頭上

第三章　059　極品戰俘

戰士　064　風采，風骨，風度

068　軍事奧林匹克

072　好男才當兵

076　環球同此高貴

080　難言宋襄公

第四章　087　老爹退下

人臣　091　血案早已發生

095　又起屠刀

099　我不逃

103　怎麼都得死

107　再說君臣

第五章　115　弱國豈能無外交

使節　119　兇險的婚禮

123　槍桿子裏面出說法

127　硬漢叔孫豹

131　兩手都要

135　如果戰敗

第六章　143　人有病，天知否

鬼神　148　遲到的應驗

153　信不信由你

158　神就是人

163　山鬼與女巫

169　因此我們無信仰

後記　175

年輕就是好

註釋　183

附錄　195

豫讓把劍拔出，然後跳起來，跳起來，再跳起來，
揮劍擊斬襄子的衣服。
他一邊行刺一邊哭：
老天爺呀老天爺，我終於可以報答智伯了！

第一章

刺客

復仇者

趙襄子又看了豫讓一眼，然後長歎一聲說：好吧，拔出你的劍來！[1]

豫讓就把劍拔出來了。

這是他第二次行刺。

為這一天，他吃盡苦頭。

豫讓要殺的這個人名叫趙毋恤，是當時晉國最有權勢的人之一，死後謚為襄子。周代，天子、諸侯、大夫死後，都要給一個蓋棺論定的稱呼，叫謚號。天子的叫某王，如周成王、周康王。諸侯的叫某公，如晉靈公、晉出公。大夫的叫某子，如趙簡子、趙襄子。

豫讓行刺趙襄子時，春秋已經結束，戰國尚未開始。晉國國君的大權，包括土地、人民、資源和財產，早已旁落到了六個氏室手中。氏室，就是大夫的家族。天子的家族叫王室，諸侯的叫公室，大夫的叫氏室。把持晉國大權的氏室，是趙、范、中行（讀如杭）、知（智）、魏、韓六家。

知氏的家君叫智伯，正如晉國國君叫晉侯。[2]

豫讓是智伯的手下。

公元前453年，智伯死了，他死在六大氏室的爭權奪利中。起先，是智伯聯合趙、魏、韓三家滅了范氏和中行氏。然後，是趙襄子、韓康子和魏桓子聯合起來滅了智伯。趙襄子為了解恨，還把智伯的頭蓋骨刷上油漆做成了酒具。

也有人說，做成了夜壺。[3]

殺人不過頭點地。襄子的快意恩仇，在豫讓那裏就是奇恥大辱。

豫讓決心復仇。

復仇之路坎坷曲折，艱難而漫長。

其實，知氏兵敗之後，豫讓原本是逃進了山裏的。但為了智伯，他又改姓更名，潛入晉陽（今山西太原），假扮成服勞役的犯人，到宮裏去粉刷廁所。抹牆的抹子裏暗藏着尖刀。只要趙襄子現身，就一刀刺將過去。

可惜"天不滅趙"。正要走向廁所的襄子忽然心中一動，兩道鷹隼般的目光也立即射向豫讓。

豫讓束手就擒。

而且他供認不諱，公開承認“就是要為智伯報仇”。

衛士們圍過去拔出了刀，襄子卻揮手下令放人。他說，這是一個義士啊！智伯死了，並無後代。他的家臣竟然來替他報仇，難得呀！

然而豫讓並不甘心。

當然，仍以本來面目招搖過市，肯定是不行的了，必須整容。於是，豫讓拔掉了眉毛和鬍子，又在身上塗滿油漆，弄出中毒後的纍纍瘢痕。為了驗證整容效果，他假扮成乞丐去要飯。走到家門口，連他妻子都認不出來，只是說：這人的聲音咋那麼像我丈夫呢？豫讓又吞火炭把嗓子弄啞。

如此受盡折磨，終於面目全非。

面目全非的豫讓潛伏在趙襄子的必經之路上，準備一搏。趙襄子的車輦也按照原定路線，緩緩過橋而來。但誰都沒想到，拉車的馬突然驚了。

心有靈犀，趙襄子一躍而起——

一定是豫讓，別讓他跑了！

豫讓再次被捕。照理說，這回他再沒可能也沒理由被放過。

趙襄子該怎麼辦？

豫讓又該怎麼辦？

誰該去死

豫讓最後自殺了。

自殺前，襄子幫他完成了一樁心願，這是回頭要說的。

其實豫讓並不是第一個自殺的刺客，趙家被人暗算也不是頭一回。趙襄子既不是趙氏家族的始祖，[4] 也不是遇刺的第一人。第一個遭遇刺客的是趙盾，即"趙氏孤兒"趙武的祖父趙宣子。

刺客名叫鉏麑（讀如鋤泥）。[5]

這個名字怪異的刺客，是晉靈公派來的。

靈公是晉國的國君，[6] 趙盾則是晉國的正卿。[7] 兩人的關係，相當於總統和總理。總統刺殺總理，當然非比尋常。他挑選的殺手，也應該非比尋常。

　　然而鉏麑卻下不了手。

　　現在已經無法弄清靈公是怎樣找到的鉏麑，也不知道鉏麑又是甚麼人。貼身心腹？宮廷衛士？職業殺手？都不清楚。他準備用甚麼手段行刺，也不清楚。總之，此人接受了任務，並潛入趙盾府中。

　　鉏麑到達趙府，正是黎明時分，趙家三道大門全部洞開。由於上朝的時間還早，趙盾便衣冠楚楚地端坐在室內養神，完全不知道刺客已經來了，身邊一個衛士都沒有。

　　鉏麑肅然起敬。

　　據說，深受感動的鉏麑當時喟然歎息：孤身一人也不忘恭敬的趙盾大人，是可以為民做主的啊！

　　這樣的人，也是可以謀殺的嗎？

　　不可以。

　　實際上，真正該死的不是趙盾，而是晉靈公。作為歷史上有名的荒唐君主，他晝思夜想的事情除了吃熊掌，就是搜刮民脂民膏來裝修自己的宮室；樂此不疲的遊戲，則是站在高台上拿彈弓射人，看行人躲避彈丸尋開心。公元前607年，即春秋時期的魯宣公二年某日，僅僅因為熊掌沒煮爛，他就把廚子殺了，裝在簸箕裏往外扔，結果被趙盾撞見。身為“一國總理”，趙盾當然不能不聞不問；而靈公做出的反應，竟是派出殺手把趙盾做掉。

這時的鉏麑，有點像莎士比亞筆下的哈姆雷特。

自從冤魂顯靈，丹麥王子哈姆雷特便陷入困境。因為他明確得知：父王是被謀殺的，兇手則是自己的親叔叔。動機，是因為覬覦父親的王位，垂涎母親的美色。更可惡的是，奸人已經得逞，父王卻在地獄裏受盡煎熬。

這很不好辦。

是的，作為人子，哈姆雷特應該拿起復仇之劍；作為臣子，他卻不能謀殺國君，更不能謀殺母后。謀殺他們，是以惡抗惡；不報父仇，是姑息養奸。他甚至也不能自殺，因為那是逃避責任。看來，他大約只能"苟活"。但，肩負重任的他，苟活在世間又有甚麼意義呢？

於是，殺不殺叔王，就變成了殺不殺自己。他也只好自問：我為甚麼要活着？該不該活着？生與死的意義是甚麼？

這就有了著名的"哈姆雷特之問"——

活着，還是去死，這是個問題。[8]

鉏麑同樣陷入兩難：命令必須服從，忠良不可殺害。殺害國之棟樑，是不義；違背君主之命，是不忠。要麼不義，要麼不忠，鉏麑該怎麼辦？

他選擇了自己去死。

進退兩難的鉏麑一頭撞到槐樹上，成為歷史上第一個"自殺的刺客"。

拔出你的劍來

現在回到豫讓的現場。

就在趙襄子大喝一聲之後，豫讓毫無懸念地落入敵手，襄子下車走到豫讓跟前。他看到的，是一個變得人不人鬼不鬼的對手。

豫讓這仇，原本不必報得這麼苦。

事實上，就在豫讓痛苦"整容"時，他的朋友就曾流着眼淚勸阻他。朋友說：犯不着呀犯不着！以老兄的才幹，如果願意投靠，不難得到趙某的重用。有了親近的機會，你要做的事情不就方便了嗎？何苦折磨自己？你這樣做，要說志氣是真有志氣，要說聰明是真不聰明。

豫讓笑着回答：老兄的辦法，要說可行是當真可行，要説道德是真不道德。如果趙君真的親近信任我，我又去殺他，那就是為了老知己而報復新知己，為了前主公而殺害後主公，沒有這樣破壞君臣之義的。我現在的做法，確實很難成功。但千難萬難，正是為了昭明大義於天下，這才是我的目的啊！我怎麼能拿着見面禮去應聘，心裏卻想着如何取人家項上人頭呢？

　　這些故事，趙襄子當然未必知道。

　　但此刻，他站在了豫讓的對面。

　　這時的襄子權勢更大，可以自稱寡人。

　　趙襄子説：豫讓啊豫讓！你要報仇，寡人原本是可以理解的。但寡人實在不明白，你先前不也服務過范氏和中行氏嗎？智伯滅了范氏和中行氏，你不替他們報仇，反倒改換門庭化敵為友，自己上門去為智伯服務。同樣是主公，你為甚麼只忠於智伯，不忠於范氏和中行氏？同樣是仇家，你為甚麼只憎恨寡人，不憎恨智伯，還拼死拼活要為他報仇？

　　豫讓傲然作答。

　　豫讓説：士為知己者死，女為悦己者容。臣為范氏和中行氏服務時，他們把臣當作普通人，臣當然像普通人那樣來報答。智伯卻把臣看作國士，看作天底下最傑出的人，臣就要像最傑出的人一樣報答他。

　　襄子聽了，淚流滿面長歎一聲：好吧，好吧，豫先生呀豫先生！你為智伯盡忠，聲名已經成就；寡人對於先生，也算給夠意思。請先生做好準備，寡人不會再放你一馬！

言畢，下令衛士把豫讓圍起來。

顯然，襄子是要讓這位令人崇敬的刺客體面地死去。而戰死，無疑是最光榮的。這是趙襄子所能表達的最大尊重，也是他最崇高的敬意。

然而豫讓卻並不迎戰。

自知必死無疑的豫讓面不改色，昂然上前一步說：君上！臣聽說，明主不掩人之美，忠臣有死節之義。今日之事，臣死罪難逃，理應伏法受誅。但，臣斗膽請求君上成全，讓臣行刺君上的外衣，也算了卻一樁心願。

這是襄子沒想到的，卻是他可理解的。

好吧，拔出你的劍來！

豫讓把劍拔出，然後跳起來，跳起來，再跳起來，揮劍擊斬襄子的衣服。他一邊行刺一邊哭：老天爺呀老天爺，我終於可以報答智伯了！

三劍之後，豫讓從容自刎。

現在輪到趙的仁人志士們失聲痛哭了。因為他們一致認為，君子就該像豫讓那樣死得高貴。當然，他們也一致認同豫讓說過的那句話──

士為知己者死，女為悅己者容。

行刺，還是演出

士為知己者死，荊軻要算一個。[9]

荊軻是"明星刺客"。

從《史記》起，荊軻的頭上就一直戴着道德的光環，他的身上也被傾注了無限的同情和遐想。因為他要謀殺的是秦王嬴政，也就是後來的秦始皇，而且功敗垂成。人們對嬴政有多痛恨，對荊軻就會有多敬重；對弱者有多少同情，對荊軻就會有多少謳歌。但這是靠不住的。道德的判斷從來就很容易遮蔽真相，做研究卻要的是實事求是，不能感情用事。

那就來作事實判斷。

從司馬遷的描述中我們得知，荊軻是衛國人。他流浪到燕國不走，只因為熱愛燕國的狗肉和美酒，以及殺狗的屠夫還有音樂家高漸離。這並不能構成所謂愛國主義的要素。也就是說，燕國的存亡，其實渾不關他的痛癢。這是他聽了燕太子丹一番慷慨陳詞後，愣了半天不說話的真實原因。

事實上，荊軻刺秦並非主動請纓，燕太子丹則是買兇殺人。所謂"車騎美女恣荊軻所欲"，便一語道破天機。

字裏行間，蛛絲馬跡，不容小覷。

荊軻，是被當作"神風突擊隊員"的。

當然，也可以換種說法叫"國士待之"。

事實上他的排場之大，成本之高，所用之費，十分驚人。徐夫人之匕首，樊將軍之頭顱；千金之禮品，督亢之地圖；高漸離之擊筑，田先生之籌謀。一切高成本又具有戲劇性的要素，在這裏應有盡有，而且驚心動魄，光彩奪目。唯一沒作交代的，是不知道有沒有過行動前的沙盤推演。

這就怎麼看，怎麼像演戲。

沒錯，演戲。包括燕太子丹的"催場"，包括眾人"皆白衣冠以送之"，包括臨別之際痛哭流涕慷慨悲歌，也包括十三歲就會殺人，但見了秦王就尿褲子的副使秦舞陽，都是必需的舞美、道具和伴奏。

是啊，刺殺秦王是何等機密之事，有這麼敲鑼打鼓的嗎？就不怕秦國的臥底和線人？實際上，一次秘密行動的排場越大，戲劇性和儀式感越強，真實性就越弱。結果，作為

"無韻之離騷"華彩樂章的荊軻刺秦，便成了燕太子丹編劇和導演的一場大型演出。"風蕭蕭兮易水寒，壯士一去兮不復還"，是主題歌。

這種語境下的荊軻，已不是刺客，而是演員。

可惜戰場不是劇場。一旦"圖窮匕首見"，那就必須動真格。然而正如武林高手魯勾踐所言，荊軻劍術不精，還不肯虛心學習。結果怎麼樣呢？秦王近在咫尺，他卻一敗塗地。抓，抓不住；刺，刺不中；追，追不上；打，打不贏。只能在遍體鱗傷之後，靠在柱子上說完最後的"台詞"：嬴政！老子本來就沒想殺你，是要劫持了你做人質，讓你跟諸侯簽訂條約的！

荊軻沒有撒謊，燕太子丹的策劃就是如此：劫秦是第一方案，刺秦不過退而求其次。這是丹的如意算盤，他其實很貪。

問題是，可能嗎？

荊軻心裏多半也沒底。他遲遲不肯成行，恐怕就因為此。

但，偉大的藝術家總是會在內心深處呼喚悲劇的出現。何況太子已經起了疑心，那就甚麼都不要說了。荊軻義無反顧地走向他的戰場或劇場，哪怕明知不能全身而退，哪怕明知這不過一場真人秀。

是的，血濺王廷的真人秀。

殺手情

聶政卻不會這樣。

聶政是豫讓之後、荊軻之前的刺客。與荊軻不同，他的目標很明確，就是刺殺韓相俠累。他的行動也很機密，只有他和嚴仲子兩個人知道。[10]

這更像一個職業殺手。

的確，如果說鉏麑忠義，豫讓執着，荊軻會演，那麼，聶政專業。他的"活"實在幹得漂亮，不但乾淨利落地殺掉了俠累，還清理了現場，掐斷了線索，讓韓國人永遠無法知道兇手是誰，更無法從兇手這裏追到幕後。

這樣的刺客，是手藝人。

手藝人是要有金剛鑽的。沒有金剛鑽，他不攬瓷器活。

就算有，也不輕易攬活。

聶政就是這樣。

沒錯，聶政也是"士為知己者死"。他的出山，主要是感念嚴仲子的看重賞識。實際上，這也幾乎是"中國式殺手"的共同特點。但同樣毋庸諱言，聶政跟豫讓不同。他不是自己要報仇，而是受僱於人，嚴仲子更明明白白是買兇殺人。奉黃金百鎰，前為聶政母壽，就是他出的價錢。

但再高的價錢，聶政也不為所動。他謝絕了嚴仲子的饋贈，明確表示"老母在，政身未敢以許人"。不過，他心裏是領情的。而且他認為，"奉黃金百鎰"正是嚴仲子稀罕自己的表現。既然如此，我聶政"將為知己者用"。

因此，當母親去世居喪已畢時，聶政專程從齊國西行到衛國，在濮陽面見嚴仲子，並直截了當地說：你的仇人是誰？交給我吧！

嚴仲子大喜過望。

隱忍已久的嚴仲子，決定給聶政配備一支小分隊。因為目標是韓國的國相，也是韓侯的叔叔，此公人多勢眾，防衛森嚴，不易下手。

然而聶政反對。

聶政說，這事絕不可以人多。人多嘴雜，是非也多，哪有不洩密的？後果不堪設想。因此，臣只能一人前往執行任務。

　　隻身前往的聶政如入無人之境。他手提三尺之劍，入韓境，進國都，闖相府，上廳堂，在手持戈戟的衛士們還沒來得及反應時，就一劍刺死了俠累。然後，又一聲長嘯，擊殺了俠累的衛隊數十人。

　　這時的場面不難想像。那一定是所有人都驚呆了，誰都不敢上前。

　　聶政開始對自己動手。

　　他先是割掉了自己的面皮，又挖掉自己的眼睛，然後剖腹挑出腸子，這才倒地而死。這些動作，他做得有條不紊，一絲不苟，平心靜氣。

　　聶政，莫非是"冷血殺手"？

　　不，他有情有義。

　　甚麼情？

　　親情，還有友情。

　　事實上，聶政毀容不為別的，就是要保護所有相關人，包括嚴仲子。這也是他反對成立小分隊的初衷。他對嚴仲子說得很清楚：韓衛兩國相距不遠。一旦走漏風聲，韓人舉國與主公作對，豈不危險？

　　同樣，一旦暴露真面目，生活在齊國的姐姐豈能不受牽連？

為此，聶政甘當無名英雄。

這就是聶政的情義了。

只不過他沒想到，自己的姐姐更是一個俠女。

這樣的女人和男人

聶政的姐姐叫聶榮。

聶榮也到了韓國。因為聶政死後，韓國人成了沒頭的蒼蠅。他們不知道這個刺客是誰，為甚麼要刺殺俠累，又是誰在幕後指使。冤有頭，債有主。怒不可遏的韓侯下令將聶政暴屍街頭，懸賞千金，務必查清他的真名實姓。

消息傳來，聶榮立即動身，並在韓都街頭一眼就認出了弟弟。

聶榮伏屍大哭。

圍觀的韓國人替她捏把汗。他們說：我們國君正在懸賞追查這個刺客，夫人難道不清楚嗎？怎麼還敢來認屍？

聶榮說：我當然知道，我怎麼會不知道？想我這苦命的弟弟，雖然身懷絕技，志向遠大，卻因為放心不下老母和姊身，只能忍辱負重，屈身市井，混跡於販夫走卒之中。現在老母殯天，姊身已嫁，他可以"為知己者死"，也可以大顯身手，揚名立萬了。但，弟弟因為姊身尚存，不忍牽連，竟如此地毀壞自己的容貌。我又怎麼忍心為了苟活在世，而泯滅賢弟的英名呢？

說完，聶榮在韓國人的大驚失色中，哭死在聶政的屍體旁。

這讓人想到了安提戈涅。

安提戈涅是古希臘劇作家索福克勒斯的劇中人。她的哥哥波呂尼克斯在宮廷鬥爭中失敗，被他們的舅舅，新國王克瑞翁宣佈為"叛國者"，拋屍郊外，去餵野狗和猛禽。然而安提戈涅卻不顧克瑞翁"收屍者殺無赦"的命令，在哥哥的屍體上撒土三次，以代掩埋。

克瑞翁盛怒。

盛怒的克瑞翁抓住自己的外甥女，問她是否知道國王的命令是不可違抗的。

安提戈涅平靜地回答──

我知道。不過，我也知道另一種命令。這命令不是今天或明天的，而是永遠的。誰也不知道它來自何處，但誰都不能違抗它卻不受神的譴責。正是這命令叫我去埋葬波呂尼克斯，因為不能讓我母親死去的兒子沒有葬身之地。

　　聶榮接到的，莫非也是這樣的命令？

　　塑造了安提戈涅形象的索福克勒斯，跟聶榮應該是同時代人。距離那位"自殺的刺客"鉏麑，則大約二百多年。[11]

　　鉏麑接到的，也是另一種命令。正是這命令讓他義無反顧，正是這命令讓他殺身成仁。當然，這三個人的出發點是不一樣的。鉏麑是為了國，聶榮和安提戈涅是為了家；鉏麑是為了正義，聶榮和安提戈涅是為了親情。然而他們接到的命令卻來自同一個地方，這個地方就叫天良。

　　天良在，則天理存。

　　不過鉏麑雖然死了，靈公卻沒有住手。他設宴招待趙盾，後堂則埋伏着甲士，還有惡犬。靠着別人的幫助，被迫害的趙盾才殺出重圍，逃離國都。如此步步緊逼的結果，是靈公終於被趙盾的堂弟或堂姪趙穿所殺。時間，是在這年的農曆九月二十六日。

　　但這筆賬，最後還是算到了趙盾的頭上。趙穿殺了靈公後，晉國的太史董狐立即記錄在案，稱"趙盾弒其君"，並在朝廷上拿給大家看。

　　趙盾說：不對，不是我殺的。

董狐説：你是晉國正卿。你被追殺，並沒逃出國境；你回朝廷，又不嚴懲兇手。國君不是你殺的，是誰殺的？

史官的尊嚴有如哨兵，神聖不可侵犯。

趙盾無言以對。

這就是文天祥《正氣歌》中所謂"在齊太史簡，在晉董狐筆"。它比刺客的刀子還要銳利，因為人是要有一點精神的。精神的力量雖然無形，卻也無敵。因此，這句話也可以改成"在韓聶榮哭，在晉董狐筆"。

這是怎樣的女人！

這是怎樣的男人！

有這樣的女人和男人，當然會有非同尋常的情人。

夏姬成為尤物，原本是上天的安排，
其實由不得自己。
她的所作所為，
不過希望能夠主宰自己的命運，
因此一生都在等待和努力。
如果很長時間都只能遇到庸才或人渣，那不是她的錯。

第二章

情人

尤物夏姬

沒有人知道夏姬長甚麼樣，正如沒人當真見過海倫。

海倫的名字，大家應該耳熟能詳。長達十年之久的特洛伊戰爭，據說就是她惹出來的。荷馬的《伊利亞特》告訴我們，特洛伊王子帕里斯乘船來到希臘，在斯巴達受到了盛情款待。然而這位英俊少年、蓋世英雄兼花花公子的回報，卻是跟美豔絕倫的王后海倫偷情上牀，並勾引她一起私奔到特洛伊。怒不可遏的斯巴達國王向希臘各邦發出"綠林束"，首領尤利西斯、英雄阿喀琉斯、大埃阿斯等紛紛響應。這些阿卡亞人在邁錫尼國王阿伽門農的率領下，揮戈殺向特洛伊。奧林帕斯山上的諸神也不甘寂寞，不但分別站隊，而且親自參戰。戰爭震撼了塵世也攪動了神界，難怪詩人會如此感歎——

　　她的臉蛋令千艦齊發，
　　燒毀了特洛伊高聳入雲的城塔。

　　但，荷馬始終沒有告訴我們海倫的模樣。我們只知道，當希臘聯軍直逼城下時，特洛伊元老院裏吵成一團。該不該為這樣一個女人賠上身家性命，跟阿卡亞人血戰一場？不少人認為不該。一個白鬍子老頭甚至怒火中燒地說：乾脆把那妖精扔進海裏得了！

　　也就在這時，海倫披着一襲長紗無意間從會場邊款款走過。愛琴海午後的陽光柔和地灑落在她的臉上和身上，勾勒出那攝人魂魄的容貌和線條。所有的男人都屏住了呼吸，議事廳裏鴉雀無聲。最後，當老頭子們緩過神來時，元老院的決議是：為女神而戰，雖死無憾！

　　夏姬的"殺傷力"，也差不多。[1]

　　夏姬跟海倫十分相似，又有所不同。海倫是傳說人物，記載於荷馬史詩；夏姬是歷史人物，生活在春秋時期。關於夏姬的可靠史料，在《左傳》。但，跟荷馬一樣，左丘明也沒有描述夏姬的長相，我們只知道她有過很多男人。到底有多少，沒人能準確説出。坊間所謂"三為王后，七為夫人，九為寡婦"的説法,是靠不住的。這種演繹,明顯帶着難羨慕嫉妒恨,以及偽道學的真下流。

同樣,也沒人知道她靠甚麼征服男人。天使臉蛋?魔鬼身材?勾魂媚眼?牀上功夫?或許兼而有之。反正,夏姬在這方面天賦極高,且經驗豐富,也名聲在外,堪稱"性感女神"。於是上至國君,下至大夫,這些妻妾成群的男人,只要一看見她就眼睛發直,變成正在發情的公狗。

這樣的女人,是"尤物"。

尤物是可以改變世界的,至少可以左右她的男人。

這是一位老太太的觀點。這位老太太,是晉國大夫叔向的母親。時間,是在公元前514年。當時,晉國的國君做媒,要叔向娶夏姬的女兒為妻,老太太堅決反對。反對的理由,就是"夫有尤物,足以移人;苟非德義,則必有禍"。意思也很清楚:一個女人如果性感美麗,那就是尤物。尤物是會惹是生非的。如果她的男人沒有大德大義,事情就麻煩了。

表面上看,晉國老太太的話沒有錯,夏姬確實弄得國無寧日。她嫁到陳國,陳國因她而亡;嫁到楚國,楚國內訌不止。在她五十歲以前,跟她有過性關係的男人幾乎都沒有好下場,不是身敗,就是名裂,甚至死於非命。結果最好的也是英年早逝,沒享過幾天福。

這確乎是"禍水"。

其實夏姬惹的禍，跟海倫相比真是小巫見大巫。特洛伊城淪陷後，居民遭到大規模的殺戮和蹂躪。其他女人都成了戰利品，要麼做苦力，要麼做性奴。只有海倫，安然無恙地回到斯巴達，回到了丈夫的身邊，再次成為人間最美麗的女王，坐在鋪着金毛毯的椅子上安享尊榮。無論是交戰的哪一方，也無論是戰前還是戰後，沒有任何人指責她怨恨她，反倒對她百般呵護和安慰。同樣，也沒有人譴責和嘲笑阿卡亞人和特洛伊人做了蠢事，不該為一個女人作出犧牲。對此，《伊利亞特》第三章的解釋是：因為海倫就像絕世的女神一樣美得令人敬仰。

夏姬得到的待遇卻相反。《左傳·昭公二十八年》說：甚美必有甚惡——最美麗的就是最醜惡的。一個女人如果漂亮得像夏姬那樣，一定不是好東西。上天既然把所有的美麗都集中在她身上，那就肯定是要讓她幹壞事。這雖然是那位晉國老太太的觀點，卻未必沒有代表性。

於是，我們很想問個為甚麼。

鄭國女孩

夏姬是鄭穆公的女兒，鄭靈公的妹妹，鄭國公主，姓姬。因為嫁給了陳國大夫夏御叔，所以叫夏姬，也就是"陳國夏氏氏族的姬姓媳婦"。

這很有點意思。

事實上鄭國和陳國，是當時諸侯列國中最風流的。本中華史第三卷《奠基者》提到的"中國情人節"故事，就發生在鄭國。那首"東周版《花兒與少年》"的《溱洧》，也正好是鄭國民歌。我們知道，《詩經》收入鄭國民歌共二十一首，其中可以確定為情歌的十六首。十六首情歌中，描述場景的兩首，男性示愛的三首。其餘十一首，都是女人向男人表達愛情。

　　示愛是多種多樣的，比如《蘀兮》（蘀讀如拓，去聲）。
《蘀兮》與《溱洧》的不同在於，《溱洧》的場景是春波浩盪瀰
漫，《蘀兮》的時節卻是秋風落葉滿天。姑娘渴望愛情的心，
也像落葉一樣翻騰迴旋——

　　　落葉遍地，
　　　秋風吹起。
　　　哥哥你就唱吧，
　　　妹妹我跟着你。[2]

　　是啊，愛，並不分春秋。而且只要心動，鄭國的女孩子
就會説出來。説，有委婉的，也有搞笑的，比如《山有扶蘇》
——

　　　山有扶蘇，
　　　隰有荷華（隰讀如席）。
　　　不見子都，
　　　乃見狂且（且讀如居）！

　　翻譯過來就是——

　　山上有棵扶蘇樹，
　　池中有株玉蓮花。
　　不見心中美男子，
　　撞上個輕狂壞娃娃！

　　這就是調侃了。
　　實際上，狂且、狂童、狡童等等，都是昵稱，因為"男人不壞，女人不愛"。子都，則是當時帥哥美男的代表，相當於"大眾情人"。因此這詩也可以這樣翻譯——

　　山上有棵扶蘇樹，
　　池中有株玉蓮花。
　　不見子都美男子，
　　撞上個歡喜俏冤家！

　　但，俏冤家也好，壞娃娃也罷，其實都是心上人。一旦滿心歡喜，鄭國女孩的表達還可能更加火辣，比如《褰裳》（褰讀如遷）——

　　你要真有愛，
　　捲起褲腿過河來。

你要不愛我，

難道我就沒人愛？

你這傻瓜中的傻瓜，呆！[3]

原文，是"狂童之狂也且"。

好一個"狂童之狂也且"！看不上我？告訴你，本姑奶奶還不稀罕！

這是怎樣的鄭國女孩！

然而有過戀愛經驗的人都知道，女孩子所謂"不稀罕"，其實往往是"很在意"，否則犯不着說出來。誰要是當了真，誰就是犯傻。

當然，也有直說的，比如《子衿》——

青青的，是你的衣領；

悠悠的，是我的癡心。

就算我沒去找你，

你就不能捎封信？

就算我沒去找你，

你就不能來親親？[4]

呵呵。

"青青子衿，悠悠我心""一日不見，如三月兮"！

由此可見，鄭國女孩的怨恨、解嘲、戲謔、鬧情緒，都
因為愛得太深。思念之切，即生抱怨。抱怨，就撒嬌。比如
《狡童》——

那個壞小子，

不跟我說話，

害得我飯都吃不下。

那個臭小子，

不跟我吃飯，

害得我覺都睡不安。[5]

我們完全不知道這事的結果如何，不知道那壞小子後來
是不是跟這女孩吃飯說話，或者乾脆就各奔東西。但失戀的
事肯定經常發生，比如《東門之墠》（墠讀如扇）中的姑娘。
她跟自己暗戀的對象幾乎天天都能見面，只是那男孩對她無
動於衷。這實在是一件折磨人的事，她的情歌也就唱得惆悵
萬分——

東門之路，多麼平坦；

栗樹成行，茜草豐滿。

他的家離我這麼近，

他的心離我那麼遠。[6]

　　好得很！暗戀、熱戀、失戀，《詩經‧鄭風》中應有盡有。也許，這就是鄭國女孩的情感世界。這樣的體驗，夏姬也曾有過嗎？

　　應該有。

風流本非罪過

事實上，敢愛並敢表示，並非只有鄭國女孩。周代女子之爽氣，其實是超出我們想像的。比如《有杕之杜》(杕讀如第)中的晉國女孩——

孤零零一棵赤棠，

直挺挺長在路旁。

帥呆呆我的情郎，

啥時候到我身旁？[7]

女孩如此，男孩也一樣。比如《靜女》中的衛國小伙，與姑娘相約在城角。然而左等不來，右等不來，害得他搔首徘徊。最後，躲起來的姑娘露面了，還送給他一支彤管、一棵青草，這可真是喜出望外——

> 文文靜靜的你，
> 那樣美麗，那樣美麗！
> 我在城角等了半天，
> 你在哪裏，你在哪裏？

> 原來你悄悄躲起，
> 你真調皮，你真調皮！
> 送我甚麼沒有關係，
> 只要是你，只要是你！[8]

　　不過，說起來還是女人更彪悍，比如《摽有梅》(摽讀如標，去聲)中的召南女子——

> 熟了的梅子往下掉，
> 枝頭只剩六七成；
> 熟了的梅子往下掉，
> 枝頭只剩二三成；
> 熟了的梅子往下掉，

枝頭一個都不剩。

你想求愛就快點來，

磨磨蹭蹭急死個人！ [9]

呵呵，簡直是逼婚。

有逼婚的，還有逼人私奔的。《王風‧大車》中一個女子就這麼說——

牛車款款，

毛衣軟軟。

我想私奔，

怕你不敢！

接下來的話更火辣——

活着不能睡一牀，

死了也要同一房！

你要問我真與假，

看那天上紅太陽！ [10]

這是怎樣的女人！

其實所謂"王風"，就是周王國的民歌。之所以叫"王風"而不叫"周風"，一方面因為王國乃天子所在，另一方面也因為這時已遷都洛陽。天子腳下尚且如此，諸侯各國可想而知。反正，只要她們有了愛，就會不管不顧。比如《柏舟》中的衛國姑娘——

河裏一隻柏木船，

漂呀漂在水中間；

眼中一位美少年，

愛呀愛在我心尖。

就是到死也心不變！

哎喲媽媽，

哎喲老天，

為甚麼不懂我心願？[11]

這事同樣沒有下文。

弄不好，這姑娘只能私奔，或者偷情。

偷情在周代也是常有的事。比如召南的《野有死麕》(麕讀如軍) 中，一位獵人就在山裏跟小妞一見鍾情。獵人用剛剛打到的獐子 (麕) 作定情禮物，兩人便一起走進了樹林。只不過那小妞說——

輕一點，慢慢來好嗎？

不要動我的圍裙，

別讓那長毛狗叫個不停。[12]

哈，很真實。

召南這對戀人在山上野合，齊國那對情人則在男人住處幽會。唯其如此，偷情的女人對時間很在意，也很警覺。一到黎明，就會推醒懷中的情郎，男人則只會把她摟得更緊。

於是，《齊風·雞鳴》中就有了這樣一番對話——

親愛的，雞叫了，天亮了！

甚麼雞鳴？那是蒼蠅。

真的天亮了，太陽都出來了！

甚麼太陽？那是月亮！[13]

接下來男的又說：別管那些蟲子，讓牠們亂飛吧，我們再親熱一會。女的卻說：不行不行，真的不行！我必須走了，你可別恨我啊！

怎麼會呢？

花非花，霧非霧，金縷慢移蓮花步。巴山夜雨巫山雲，便是靈犀相通處。

　　事實上，有男女便有性愛，有婚姻便有偷情。因為正如恩格斯所說，一夫一妻的制度"決不是個人性愛的結果"。真正的熱戀，性衝動的最高形式，是中世紀的"騎士之愛"。騎士和情人睡在牀上，門外站着衛士，以便一見晨曦就催促他溜之大吉。恩格斯甚至認為天主教會禁止離婚的原因是——

　　偷情就像死亡，沒有任何藥物可治。[14]

　　因此，婚外戀和一夜情，幾乎任何民族和時代都有，社會也往往睜隻眼閉隻眼。風流不是罪過，只要不弄得像夏姬那樣雞飛狗跳就行。

不幸與萬幸

夏姬似乎命不好。

傳言說，夏姬出嫁前就已經有了情人，叫子蠻，是她同父異母的哥哥。甚至還有人說，他就是鄭靈公。這顯然不對。因為鄭靈公的字是子貉（讀如何），不是子蠻。也有人說，子蠻是她的第一任丈夫。這同樣可疑。至少沒人告訴我們，這位子蠻是哪一國的公子。也沒人告訴我們，他倆是甚麼時候結婚的，婚後又生活了多少年。總之，子蠻究竟是夏姬的丈夫，還是情夫，死無對證。我們只知道，在與夏姬有了性關係後不久，子蠻就去世了。這讓夏姬一開始便背上了“剋夫”的罪名，叫“夭子蠻”。

子蠻去世後，跟他上過牀的這位鄭國公主，便嫁給了陳國大夫夏御叔，從此叫"夏姬"。夏姬跟夏御叔過得似乎不錯。他們生下了兒子夏徵舒，也沒聽說有過甚麼不雅之聞。可惜十幾年後，夏御叔也撒手人寰。這在那些視紅顏為禍水的人眼裏，便理所當然地成為夏姬"不祥"的證據。沒有人替她想想，作為"天生尤物"，年紀輕輕便成為寡婦是何等的不幸。

寡婦門前是非多，何況還是在陳國。

陳國人跟鄭國人一樣，風流成性。兩國也都有一個特別的地方，叫"東門"。東門未必是"紅燈區"，但可以肯定是戀人或情人尋偶求愛的"約會區"。所以鄭國的情歌便說"出其東門，有女如雲"，而陳國情歌所謂"東門之池，可以漚麻；彼美淑姬，可與晤歌"，也可以理解為"東門之池，可以泡妞"。[15]

鄭國和陳國，都是性愛的"自由王國"。

實際上陳國比鄭國更開放。前面說過，鄭國是有"情人節"的，叫"上巳節"，時間是在三月三。陳國卻似乎天天都是情人節。陳人因為自稱是舜帝之後，巫風盛行，國人個個能歌善舞。他們甚至有一部分女子，專門從事巫術，以歌舞祭祀神。這種"神妓"，其實是最早的性工作者。《詩經·陳風》中的《宛丘》，就是某個男子獻給巫女的情詩。何況陳國的祭祀活動次數頻繁，地點則除了東門和宛丘，還有"南方之原"。於是每到這時，陳國的男男女女便成群結隊傾城而出，泡巫女，會情人，找對象，大開其"性愛派對"。

不難想像，在風氣如此的陳國，性感的夏姬一旦單身，會怎麼樣。

首先是國君陳靈公"當仁不讓"，然後是他與卿大夫孔寧和儀行父"資源共享"，君臣三人共同成為夏姬的情人。他們甚至穿着夏姬的內衣，公開在朝堂上談論偷情的過程，交流做愛的經驗，大講三十七八的她如何風韻猶存。夏姬的內衣怎麼會到他們的身上？是夏姬給的，還是他們偷的？不清楚。但可以肯定，他們的行為絲毫都不避人耳目，已是公開的秘密。

這事終於鬧得沸沸揚揚。《詩經·陳風》中的《株林》，便是當時國民議論此事的"手機段子"。這段子説：我們國君為甚麼要去株林？誰都知道那裏住着甚麼人。他是去看子南（夏姬之子夏徵舒）的吧！第二天早上，他在那裏吃點心。

陳國人，就是這樣"刷微博"的。

看來，即便是主張性自由的陳國人，也覺得事情有點過分。輿論監督的結果，是導致了一位大夫的死亡。因為他對靈公君臣的所作所為，公開提出了批評。於是，在陳靈公的默許下，他被孔寧和儀行父謀殺。

沒有了監督的君臣三人更加肆無忌憚。一年後，也就是前面一章説到的鉏麑自殺後八年，即魯宣公十年五月八日，這三個傢伙居然在夏姬的客廳裏，嘻嘻哈哈地爭論她兒子夏徵舒長得更像他們當中的誰。

陳靈公嬉皮笑臉地對儀行父説：徵舒像你。

儀行父厚顏無恥地回答：也像君上您。

這玩笑開得實在過分，因為夏徵舒無論如何不可能是他們的私生子。[16] 士可殺不可辱。忍無可忍的夏徵舒，便在陳靈公出門時一箭射死了那傢伙。

這應該是第三個死於非命的"靈公"。第一個是前一章講過的晉靈公。他是因為為君無道，被趙盾的族人趙穿殺掉的，時間是在公元前 607 年（魯宣公二年）。第二個就是夏姬的哥哥鄭靈公。他是在晉靈公死後兩年（魯宣公四年），因為吃王八而起糾紛，被本國兩位公子殺死的，當國君還不足一年。六年後（魯宣公十年），便輪到這位因偷情而喪命的陳靈公。前面説過，謚號叫做"靈"的，其實都不靈。但八年之內一連死了三位靈公，也未免太有戲劇性。夏姬六年前死了哥哥，這會兒又死了情人，實在太倒霉了。

更倒霉的是，就連鄭靈公的死，後來也被某些人説成與夏姬有關。他們説鄭靈公就是子蠻。他被本國兩位公子殺死，其實不是因為吃王八，而是因為吃醋。也就是説，鄭靈公和某公子，不但都是夏姬的哥哥，而且都是夏姬的情人。

他們爭風吃醋積怨已久，這才刀兵相見，翻臉不認人。

當然，這種無稽之談夏姬並不知道。同樣，我們也不知道陳靈公被殺後，她是甚麼態度和心情。我們能知道的是，惹出大禍的孔寧和儀行父逃到了楚國，殺死陳靈公的夏徵舒則自立為君。弒君和篡位，在當時可是滔天大罪。垂涎已久的楚人便有了可乘之機，也有了滅亡陳國的"正當理由"。第二年 (魯宣公十一年) 十月，楚軍攻進陳國，殺死夏徵舒。然後摟草打兔子，順手牽羊把夏姬帶了回去。

等待夏姬的，將是她無法主宰的命運。

幸運的是，她遇到了巫臣。

情種巫臣

　　關於巫臣，我們掌握的材料不多，只知道他是楚國申縣的縣公，家族為屈氏，字子靈。他的名字，幾乎僅僅是因為夏姬才被載入史冊的，因此除《左傳·宣公十一年》提到過一筆外，以後便事事與夏姬相關。

　　巫臣與夏姬，前世有緣。

　　夏姬被帶到楚國後，莊王和大夫子反（公子側）便眼睛發直，都想要她，卻被巫臣阻止。巫臣勸阻莊王的說辭是：大王出兵陳國，原本是討伐有罪；如果佔有夏姬，那就是貪戀美色了。以小貪而害大義，可以嗎？

　　莊王只好放棄。

　　巫臣勸阻子反的說辭，則是夏姬"不祥"。巫臣說，這個女人，剋死了她的第一個男人子蠻和第二個男人御叔，害死了第三個男人靈公，連累了親兒子夏子南，搞垮了大夫孔寧和儀行父，滅亡了陳國，真是誰沾上誰會倒霉。人生苦短，保命要緊啊！再說天涯何處無芳草，何必一棵樹上吊死呢？

子反也只好放棄。

莊王和子反棄權後，夏姬被分配給了襄老，實際上成為襄老兒子的情人。因為八個月後，襄老就戰死在疆場。夏姬則似乎沒有片刻猶豫，就跟襄老的兒子上了牀。沒有人對此表示大驚小怪。也許在公眾看來，夏姬這樣的尤物，可是從來就不在乎甚麼後果的。

誰都沒有想到，這裏面其實另有文章。

時隔多年人們才發現，巫臣勸阻莊王和子反，其實是自己想要夏姬，而夏姬似乎也鍾情於巫臣。史書沒有記載他們相愛的過程，只知道他倆配合默契，利用國際政治鬥爭"曲線救國"，終於雙雙私奔到晉國。

這事相當複雜，也只能長話短說。

簡單地說，夏姬被許配給襄老，是在魯宣公十一年十月。第二年六月，就發生了晉楚邲之戰，交戰地點則在鄭國。戰爭中，晉軍射死了襄老，又俘虜了楚國的王子，並帶了回去，準備用來交換被楚國俘虜的自己人。

於是巫臣就覺得機會來了。

　　巫臣的辦法，是先跟夏姬打招呼：只要你回到鄭國，我就娶你。然後又讓人從鄭國送信給夏姬：只要你回國，就能得到襄老的屍身。夏姬跟襄老，畢竟是法定的夫妻。她要回國收屍，楚莊王不能不批准，何況巫臣也做了工作。夏姬心裏也清楚，所謂葬夫只是藉口。事成之後，巫臣也不可能再回到楚國。於是夏姬揚言：得不到我丈夫的屍體，就不回楚國。

　　果然，夏姬一回到鄭國，巫臣就跟她秘密結婚。

　　婚後，夏姬留在了鄭國，巫臣卻沒有馬上叛逃。事實上，他一直等到楚莊王去世，等到楚共王（共讀如恭）即位後的第二年，才付諸行動。這一次，他利用了出使齊國的機會。只不過走到鄭國，他就把任務和禮品都交給副使，自己則帶着夏姬遠走高飛。他倆原本是想去齊國的。由於齊國剛剛戰敗，便改變主意去了晉國。這一對情侶在晉國安家落戶，巫臣還做了晉國的大夫。

　　當然，襄老的屍體和被俘的楚國王子，也被晉國歸還了。但這是在巫臣叛逃後的第二年（魯成公三年），跟巫臣和夏姬一毛錢關係都沒有。

　　回顧夏姬一生，性愛遊戲不少。她甚至不在乎情人們之間的關係是君臣（比如陳靈公、孔寧和儀行父），還是父子（比如襄老和他兒子）。但這一回，夏姬和巫臣可是玩真的了。種種跡象表明，他們應該是一見鍾情，而且相見恨晚。為了這難得的愛情，從密謀私奔到實施叛逃，他們用了七八年的時間。[17]

真心相愛的結果，是讓巫臣和楚國都付出了沉重的代價。巫臣叛逃五年後（魯成公七年），沒能得到夏姬的楚國大夫子反殺光了巫臣的族人，巫臣則說服了晉國與吳國聯盟伐楚。他甚至親自到吳國擔任軍事顧問和教練，害得子反他們一年之內七次疲於奔命，被打得顧首不顧尾。

只有夏姬修成正果。

與巫臣結合後的夏姬是幸福的。晉國老太太反對迎娶的兒媳婦，就是他們的女兒。儘管與巫臣相愛時，夏姬已五十上下，但好歹等到了真愛。實際上，夏姬成為尤物，原本是上天的安排。能否遇到德義之人，其實由不得自己。她的所作所為，不過希望能夠主宰自己的命運，因此一生都在等待和努力。在巫臣之前只遇到庸才或人渣，那不是她的錯。

賴不到神頭上

跟海倫相比,夏姬有點冤。

沒錯,夏姬是亂了倫,但亂倫在當時習以為常。[18] 夏姬也偷了情,但沒有一次是在婚姻狀態中。相反,當她跟丈夫御叔一起生活時,甚至在等待巫臣來團圓時,從未有過緋聞。比起海倫的背叛丈夫來,哪個問題更嚴重?

夏姬當然也惹了禍,但海倫惹的禍更大:特洛伊城徹底毀滅,眾多英雄戰死沙場,無數百姓慘遭蹂躪。然而結果卻兩樣:我們被告知夏姬是一個淫婦,卻幾乎聽不到對海倫的任何譴責。事實上,她一直以美麗女神的形象活在人間。2004 年 5 月 9 日,華納兄弟拍攝的影片《特洛伊》上映,第一個週末就贏得了 4560 萬美元的票房。海倫的魅力,毋庸置疑。

夏姬備受爭議，海倫無限風光，這是為甚麼？

最簡單的解釋，是人神有別。

對！夏姬是"人之罪"，海倫是"神之過"。

誰都知道事情的起因：天后赫拉、智慧女神雅典娜和愛情女神阿芙洛狄忒進行天界選美，獎盃是一隻蘋果，上面刻着"送給最美麗的人"。諸神讓特洛伊王子帕里斯裁決。帕里斯鬼使神差地將蘋果給了阿芙洛狄忒，阿芙洛狄忒則把海倫作為獎品給了帕里斯。所以，從偷情到私奔，海倫都沒有責任，也可以不負責任。至於奧林帕斯山上的諸神，當然也不會負責。

沒人負責，就沒法問責，也不必指責。該做的，是狂歡、起鬨和看熱鬧。

這是典型的希臘做派。

夏姬就沒有那麼好運。中國沒有希臘那樣的神，更沒有誰會為一個女人的選擇埋單。甚至按照宗法和禮教，女人就不該選擇自己的命運。她要做的，是聽從父母之命媒妁之言，跟一個自己不認識的人結婚，然後生兒育女，相夫教子。如果遇人不淑，只能自認倒霉。如果不幸喪夫，也只能自認倒霉。夏姬，怎麼會有人理解有人同情？

當然，她也賴不到誰頭上。

這樣看，有神是好的？

錯！問題不在神，而在人。我們知道，希臘的宗教，其實是藝術；希臘的神，則其實是人。看看奧林帕斯山上的那些夥計吧！驕縱、蠻橫、放蕩、小心眼。他們相互欺騙，故意找碴，爭風吃醋，互不買賬，還積極參與人類的戰爭和偷情，很黃很暴力。這跟人有甚麼區別？

區別就在人會死，神則是不死的。不死的神不受自然規律的限制，這才恣意妄為又不負責任。這當然很沒道理。在特洛伊戰爭中，英雄阿喀琉斯對破壞遊戲規則的阿波羅怒吼：你當然不擔心將來會有報復！大埃阿斯則對降下漫天迷霧的眾神之王宙斯怒吼：如果我們必須死，那就讓我們死在陽光下吧！

這是正義的呼聲，它比神性更高貴。

好吧！既然神可以行為乖張，那麼，人也可以自由選擇。至少，人類的某些天性和天賦可以免責，比如愛和美。因此，海倫和帕里斯是不受譴責的。為他們的偷情打一場戰爭，也是值得的，甚至是必需的。有這樣一場戰爭，英雄才成其為英雄，正義才成其為正義，愛情才成其為愛情，美才成其為美。一位英國學者甚至說，《伊利亞特》的真正寓意，也許就體現在它的兩行詩中——

比所有事情都重要的，
一是愛情，二是戰爭。[19]

這讓我們想起了《左傳》，想起了"國之大事，在祀與戎"。模仿前面的句式，這話翻譯過來就是——

比所有事情都重要的，
一是祭祖，二是打仗。

呵呵，希臘更看重女人，我們更看重祖宗。但無論希臘還是華夏，戰爭都是重要的，戰士也都是重要的，更是史家不可忽略的。因為只有在戰爭中，人性的美和醜才會暴露無遺，並表現得淋漓盡致。

那就來說戰士。

子路說，一個君子，必須活得體面而有尊嚴。

就算去死，也不能免冠。

於是放下武器騰出雙手，從容地繫緊冠纓，任由敵人砍殺。

第三章

戰士

極品戰俘

夏姬和巫臣叛逃到晉國的第二年，知罃（讀如智英）也被釋放了。

知罃是個戰俘。

戰俘知罃是晉國大夫荀首的兒子，所以也叫荀罃。荀首的采邑叫智（也寫作知，是同一個字，都讀智），因此荀首被稱為智伯或知伯，謚號知莊子。他的接班人，當然代代都稱智伯，正如晉國的國君代代都稱晉侯。知罃後來就成為智伯，謚號知武子。本卷第一章講到的那個智伯，那個豫讓拼死拼活也要為之復仇的智伯，則叫荀瑤，謚號知襄子。

在前章說過的夏姬故事中，我們知道楚國和晉國發生了一場戰爭，史稱"邲之戰"（邲讀如必）。邲之戰，晉軍是一敗塗地的，知罃也被楚軍俘虜。這時的荀首，是晉國的下軍大夫。荀首說：抓不到別人的兒子，就要不回自己的兒子。於是便在撤退的途中帶領親兵殺了回去，一箭射死了夏姬的丈夫襄老，又一箭射傷了楚國的王子，把這一死一傷兩個人帶回晉國。

這事給了巫臣一個機會，讓他成功地娶到了夏姬。當時巫臣就曾告訴楚莊王，晉國一定會提出交換戰俘。果然，魯成公三年（公元前 588 年），晉楚兩國達成協議：晉國送還楚國王子和襄老屍體，楚人則放知罃回國。

這時，知罃已經做了九年戰俘。[1]

於是楚王為知罃送行。

當然，這時的楚王已經不是莊王，而是年輕的共王。

送行時，雙方都客客氣氣，彬彬有禮。共王稱知罃為"子"，也就是"先生"，或"您"；自稱，有時稱"我"，有時稱"不穀"（穀讀如谷），意思是"我這不善之人"。這是王者謙稱，因為楚君已經稱王。嚴格地說，他應該自稱"寡人"，也就是"我這寡德之人"。這才是諸侯的謙稱。

知罃則自稱"臣"，或"纍臣"，也就是"被俘的小臣"；稱自己的父親為"外臣"，也就是"外邦小臣"，而且直呼其名。提到自己的國君，則稱"寡君"，也就是"敝國寡德之君"。這些稱謂，都是當時的外交禮儀。

談話溫文爾雅，又充滿張力。

共王問：先生怨恨我嗎？

知罃答：不怨恨。兩國交兵，下臣無能，做了俘虜。貴國的執法官沒有用下臣的血來塗抹貴軍的軍鼓，[2] 而是讓臣回國接受軍事法庭的審判，這是君上的恩典。下臣自己如此無能，又敢怨恨誰？

共王又問：那麼先生感謝我嗎？

知罃答：不感謝。兩國君臣為了國泰民安，克制自己，寬待他人，釋放戰俘，永結友好。這樣功德無量的事，下臣不曾與聞，哪有資格表示感謝？

共王再問：先生回國後，拿甚麼報答我？

知罃答：不知道。下臣心裏沒有怨恨，君上也不會居功自傲。既沒有怨恨，又沒有功德，下臣不知怎樣報答。

共王無奈，只好說：儘管如此，還是懇請先生把自己的想法告訴寡人。[3]

知罃說：好吧！

於是知說了三種可能。

知罃說，第一，如果承蒙貴君上的福佑，下臣得以作為戰俘，帶着這一把朽骨回到祖國，被敝國寡德之君軍法從事，以振軍威，以儆效尤，臣雖死無憾，永垂不朽。第二，如果寡君法外施恩網開一面，將臣賜予您卑微的外邦小臣荀首，任其處置，家父經寡君批准，在宗廟實行家法，戮臣於列祖列宗靈前，臣同樣雖死無憾，永垂不朽。第三，如果寡君不批准家父的請求，那麼，下臣將依法擔任敝國的職務，率領一支小部隊，鎮守邊疆保家衛國。到那個時候，如果不幸與貴軍相遇，下臣將奮勇當先拼力死戰，決不三心二意，左顧右盼。這一片赤膽忠心，就是下臣可以報答君上您的。

共王聽了，肅然起敬，以最隆重的禮儀送知罃出境。共王甚至感歎說：晉國有這樣的戰士，我們是無法與之爭雄的。4

這是怎樣的戰俘！

事實上，這樣的戰俘在春秋時期並不罕見。魯襄公十七年（公元前 556 年），一個名叫臧堅的魯國戰士被齊軍俘虜。齊靈公居然派了一個宦官去看他，並對他説 "你不會死"。這事做得實在不靠譜。但此公既然是一個被諡為 "靈公" 的昏君，離譜也不足為奇。

然而對於臧堅，卻無異於奇恥大辱。因為按照當時的制度和禮儀，宦官是不可以對貴族下命令的，更無權決定貴族的死生，哪怕只是傳達國君的命令。這樣做，不但對接受命令的人是羞辱，對下達命令的人其實也是侮辱。於是臧堅朝着齊靈公所在的方向叩首説：承蒙關照，實不敢當！但君上既然賜下臣不死，又何苦要派這麼個人來傳達厚愛？

説完，臧堅用一根尖鋭的小木棍挖開自己的傷口，流血而死。[5]

　　這又是怎樣的戰俘！

　　戰俘尚且如此，戰士又該是怎樣的風采，也就可想而知了。

風采，風骨，風度

戰士的風采，《詩經》裏有。

比如《周南‧兔罝（罝讀如居）》——

張開天羅，撒開地網；

打下木樁，迎接虎狼。

赳赳武夫，

是君王的屏障；

赳赳武夫，

是國家的棟樑。

是啊！在古代社會，有國家就有戰爭，有戰爭就有戰士。只要是戰士，就會睜大警惕的眼睛。這就是所謂"肅肅兔罝，施於中林"。兔，不是野兔，而是老虎，即"於菟"（讀如巫塗）。[6]罝，則是獵網。所以，此詩也可以這樣理解：朋友來了有好酒，若是那豺狼來了，迎接牠的有獵槍。

這是怎樣的風采！

這樣的風采，《楚辭》裏也有。

在《九歌·國殤》中，屈原是這樣描述楚國戰士的：操着吳戈，挾着秦弓，帶着長劍，披着犀甲。戰旗遮蔽了天日，敵人多如亂雲。他們衝進了我們的陣營，殺傷了我們的兵丁。然而我們的戰士，卻拿起鼓槌敲響戰鼓，駕起戰車驅策戰馬，冒着疾風暴雨般射來的箭矢奮勇當先。因為戰士們知道"出不入兮往不反，平原忽兮路遙遠"，開弓就沒有回頭箭。

為國盡忠，是戰士的本分。

於是屈原這樣唱道——

誠既勇兮又以武，
終剛強兮不可凌。
身既死兮神以靈，
魂魄毅兮為鬼雄！

這又是怎樣的風采！

風采的背後是風骨。公元前 684 年，魯莊公率軍與宋國作戰，一個名叫縣賁父（賁讀如奔）的戰士擔任他的駕駛員。戰場上，拉車的馬突然驚了，魯莊公也掉下車來。莊公說，照規矩，誰當駕駛員，作戰之前是要占卜的。今天有此一難，是因為沒有占卜啊！縣賁父說，以前從來不出事，偏偏這回出事了，只能怪下臣不夠英勇。於是衝進敵營戰鬥而死。戰後，馬夫洗馬時發現，那匹馬身上有一枚箭頭。這才明白出事的原因是馬中了流矢，並沒有縣賁父的責任，莊公便下令為他寫一篇悼詞。為士人寫悼詞的風氣，就是從這件事開始的。[7]

這樣的風骨，史不絕書。公元前 480 年，也就是孔子去世前一年，衛國發生內亂，大夫孔悝（讀如虧）被圍困在家中。孔子的學生子路聽說，立即前往救援，因為他是孔悝的家臣，也是戰士。結果，一場混戰中，子路被剁成肉泥。孔子聞訊悲痛欲絕，立即吩咐廚房倒掉已經做好的肉醬。[8]

其實子路原本可以不去救援的。事實上，他趕到國都時，城門正在關閉；趕到孔家時，家門已經關閉。他的同學子羔，孔悝的家臣公孫敢，也都勸他不必作無謂的犧牲，因為反正來不及了。子路卻慷慨赴死。他說：食人之祿，忠人之事。有利可圖就追隨左右，大禍臨頭就逃之夭夭，我不是那樣的人！

　　同樣，子路也不必死得那麼慘烈。他的死，僅僅因為在戰鬥中冠纓被對方用戈砍斷，帽子會掉下來。子路說，一個君子，必須活得體面而有尊嚴。就算去死，也不能免冠。於是放下武器騰出雙手，從容地繫緊冠纓，任由敵人砍殺。

　　這又是怎樣的風骨！

　　有風骨就有風采，也有風度。比如在襄老戰死知罃被俘的那次戰爭中，就有這樣一段小插曲：撤退的晉軍有輛戰車陷在坑裏動彈不得，追趕他們的楚國戰士便停下車來，喊話教晉軍怎樣修車。修好的戰車沒走兩步，又不動了，楚人又喊話教他們怎麼處理。最後，晉軍終於從容撤退，一走了之。更可笑的是，晉人得了便宜還賣乖。他們一邊逃亡一邊喊話：楚軍弟兄們，謝謝了！到底是超級大國呀，跑路很有經驗的嘛！

　　如此楚人，真是君子風度。但如此風度卻讓人懷疑：這樣打仗還叫戰爭嗎？

　　當然還叫。只不過，彬彬有禮。

　　至少，春秋的是。

　　比如晉楚城濮之戰。

軍事奧林匹克

城濮之戰發生在公元前 632 年。晉國這邊，晉文公親自到場。楚國那邊，統帥是成得臣（字子玉）。開戰前，楚帥先派使者宣戰，話就是這麼說的：敝國的戰士，懇請與貴國的勇士做一次角鬥遊戲。君上靠在車裏觀賞就行，下臣願意奉陪。晉文公則派使者回答說：敝國的寡德之君，已經接到了大帥的命令。寡君之所以駐紮在這裏，是因為信守當年的諾言，遇到貴軍要退避三舍。如此而已，豈敢抵擋貴國的威武之師？不過，既然敝國還沒有接到貴軍停戰之令（其實是已經宣戰），也只好拜託大夫您（指楚國使者）轉告貴軍將士，駕好你們的戰車，忠於你們的國事，明天早上見。[9]

這可真是先禮後兵，跟球賽差不多。

　　實際上春秋的戰爭，更像競技體育。時間，原則上只有一天。比如剛才説的城濮之戰，就只打了四月初二這一天。初三、初四、初五，勝利了的晉軍原地休整。吃完楚軍留下的糧食，就啟程回國了。最短的戰爭，甚至只有一個早上，叫"滅此而朝食"。[10] 地點，則一般在國境線上。國境線叫"疆"，所以叫"疆場"。國境線在"野"，所以叫"野戰"。

　　野戰並不粗野，更不野蠻，而且事先要宣戰。宣戰要派使節，國君或統帥不能親自出面。但使者宣戰，卻又必須以國君或統帥的名義。態度，當然是客客氣氣；用詞，也都是外交辭令；稱謂，則極其講究。不宣而戰，是戰國時代才有的。那時正如孟子所説，是"爭地以戰，殺人盈野；爭城以戰，殺人盈城"，[11] 恨不得把對方趕盡殺絕，哪裏還有甚麼禮儀？

　　春秋的戰爭，卻極講禮儀，甚至有打到一半停下來行禮的。公元前 575 年（城濮之戰後五十七年）的晉楚鄢陵之戰中，[12] 晉國大夫郤至三次遇到楚王，每次都要下車，脱下頭盔，小步快走，表示恭敬。這時的楚王是共王，同樣彬彬有禮。他甚至派了一位使者帶着一張弓，去慰問郤至。

　　使者代表楚王説：剛才戰鬥最激烈的時候，有一位穿淺紅色軍裝的人，真是君子啊！他見了寡人就小步快走，會不會受傷了呢？

郤至立即脫下頭盔行禮：偉大的君上！您卑微的外邦小臣郤至，追隨敝國寡德之君參加戰鬥，承蒙君上恩准披上了盔甲。公務在身，因此不敢當面叩謝君上的親切關懷。拜託貴使稟告君上，下臣身體很好，正要與貴軍決一死戰。

兩個人如此這般地客氣了半天，這才依依惜別，然後繼續戰鬥。

禮，比勝負更重要。

講禮儀，就講規則。第一條，不斬來使。使節無論職位高低，任何時候都神聖不可侵犯。第二，不以阻隘。就是不在險隘的地方阻擊敵人，一定得在開闊地帶堂堂正正決戰。第三，不鼓不成列。就是對方陣勢擺好之前，另一方不能擊鼓進軍。第四，不重傷。就是格鬥的時候，不能讓同一個人重複受傷。如果對方已經受傷，不管傷在哪裏，都不能再來第二下，應該讓他回去治療。第五，不擒二毛。就是不能俘虜花白頭髮的人，應該讓他回去養老。第六，不逐北。就是敵人敗退時，不能追。追也可以，五十步為限。所以在春秋，五十步是可以笑一百步的。因為跑五十步就安全了，你跑一百步幹甚麼？

如此紳士風度，堪比奧林匹克。

這些遊戲規則，是誰在甚麼時候制定的？不清楚。它們都得到了嚴格執行嗎？也未必。但可以肯定，這些規則在戰

國時期便被破壞得一乾二淨。因為在戰國時期，戰爭的目的
是兼併他國，當然要消滅對方的有生力量，大規模不眨眼地
殺人，打殲滅戰。春秋則相反，戰爭的目的說得好聽，是維
持國際秩序，維護世界和平。說得難聽點，也不過爭當江湖
老大。老大可是要以德服人、以身作則的，事情就不能做得
太過分。這樣的戰爭，自然列陣如球賽，宣戰如請客，交手
如吃飯，格鬥如競技，溫文爾雅，費厄潑賴（Fair Play），最
多溫良恭儉而不讓。

好男才當兵

春秋和戰國，戰士也不一樣。

怎麼不一樣？

春秋的是君子，戰國的是小人。

這裏説的君子和小人，是階級意義上的。換句話説，君子即士人，是貴族；小人即庶人，即平民。如果參加戰爭，則貴族叫"士"，平民叫"卒"。士，既參戰也作戰，所以叫"戰士"。卒，參戰不作戰，只是跟着跑，所以叫"走卒"。走，在古漢語中，就是"跑"的意思。戰士和走卒，是兩碼事。

其實士與卒，地位從來就有高低。有文字學家認為，士，跟王、皇一樣，都是一個人端坐的樣子，只不過王和皇頭上特別大。[13] 這是有道理的。事實上，士就是"無冕之王"。

他們作為貴族，跟天子、諸侯、大夫一樣，成年時都要加冠。孔子的學生子路寧願死，也不肯免冠，就是不能丟了士的身份。只不過，士只加冠，天子、諸侯和大夫則不但加冠，還要加冕，這才成了王或皇。

卒就不一樣了。文字學家一致認為，卒就是穿某種衣服的人。這衣服上會做記號，甚至寫個"卒"字，表示是當差的、跑腿的、服勞役的，是小人。

◎甲骨文的"士"（甲3913）。

◎甲骨文的"卒"（7200）。

所以，士，是高貴的，比如紳士、爵士、武士道。卒，則是卑賤的，比如隸卒、獄卒、馬前卒。馬前卒這三個字最能說明問題：戰場上，士披甲冑，叫"甲士"，乘車作戰。卒無甲可披，只能穿件布衣，鞍前馬後跟着跑。故，車兵曰乘，步兵曰卒。中國象棋之將、仕、相、馬、車、炮、卒，就是這種軍事制度的體現：卒是最低級的，仕則僅次於將。將就是大夫，仕則是士。乘車的士比步行的卒高貴，因此可以"丟卒保車"。

總之，在春秋時期，士參戰也作戰，卒參戰不作戰。戰士是高貴的、體面的、有尊嚴的，也是驕傲、自豪和快樂的。

而且無論國君、大夫，還是一般的士人，只要上陣，就是戰士。因此，一個貴族男子如果不能從軍，就是奇恥大辱。相反，平民成為戰士，則是極大的榮耀。當然，他們必須表現優異，而且僅限於在農民中選拔。工匠和商販，是沒有資格的。[14]

好男才當兵。戰爭，是貴族的遊戲。

這就是春秋的觀念。

是貴族，就要有貴族精神和君子風度。這種精神和風度，上級和敵人也都要尊重和敬重。前面說過，楚王和郤至在晉楚鄢陵之戰中，是相互致敬的。同樣在這場戰爭中，晉國的一位君子，也向一位楚軍將領表示了敬意。晉國的君子叫欒鍼（鍼讀如真），是中軍統帥欒書之子，當時擔任晉國國君的車右，也就是持矛站在國君的右邊，相當於侍衛長。[15]楚國這位將領則叫子重，多次率軍征戰，是楚國的名將。鄢陵之戰，他當然也在場。他的旗幟，在戰場上高高飄揚。

欒鍼看見子重的戰旗，肅然起敬。他對國君說：當年下臣出使楚國，子重曾問臣晉國之勇，臣答整整齊齊、井然有序。他又問還有甚麼，臣答心平氣和、從容不迫。現在兩國交兵，如果不去致敬，就不算井然有序；如果言而無信，就不算從容不迫。請君上批准下臣派人去送酒。

晉君批准了欒鍼的請求，欒鍼的使者也到了子重的麾下。使者說：敝國人才匱乏，寡君只好讓鍼勉強湊合着做他的車右。鍼公務在身，不能親自來犒勞大帥的部下，只好派某代為敬酒，還望大帥見諒！

子重躬身答禮：欒鍼大人真是好記性，還記得我們當年的談話。於是接過酒具一飲而盡，然後拿起鼓槌繼續擊鼓。

順便說一句，子重從清晨一直戰鬥到了黃昏。

甚麼叫君子？這就是。

環球同此高貴

　　的確，所謂君子，雖然原本是一種階級和出身，但久而久之，便變成了一種人格精神，包括剛直不阿、光明磊落、行俠仗義和相互尊重。其核心，就是高貴。這種精神在古代戰爭中表現得尤為突出，而且還是全球性的。

　　比如古希臘。

　　在波斯人眼裏，希臘人是固執、愚蠢和荒唐的。他們總是要選擇最平坦最開闊的地方，雙方擺好陣勢，派出傳令官相互宣戰，然後才開打。這跟我們春秋的"不以阻隘"，簡直如出一轍。由於雙方都沒有可以隱藏和躲避之處，結果自然是兩敗俱傷，就算一方勝出也得不償失。對此，一位波斯將領表示十分不解：既然你們言語相通，又有傳令官宣戰，

為甚麼不能談判呢？如果只能訴諸戰爭，又為甚麼不能給自己找個有利地形呢？¹⁶

其實，嘲笑希臘人的波斯人，自己也差不太多。公元前 479 年 8 月，波斯和希臘的軍隊在普拉提亞平原會戰。波斯人先到，在阿索普斯河北岸擺開陣勢。由三十多個城邦組成的希臘聯軍，則拖拖拉拉半天都湊不齊，開戰前還有人源源不斷趕來。然而就在希臘人慢慢集結，甚至只有少數散兵遊勇時，兵強馬壯的波斯軍隊卻按兵不動。直到希臘人有了十一萬之眾，波斯統帥才下令進攻。這跟我們春秋時期的"不鼓不成列"，又有甚麼兩樣？

結果，普拉提亞會戰以波斯人的慘敗告終。

這讓我們想起了泓之戰。公元前 638 年，也就是普拉提亞會戰的一百五十多年前，楚國與宋國戰於泓水。當時宋軍先到，也擺好了陣勢。然而無論在楚軍過河前，還是過河後，宋襄公都不肯發起進攻。他硬是要等到楚軍完全站穩腳跟陣勢擺好，才敲響戰鼓。結果，宋軍大敗，襄公負傷，並於第二年去世。

戰敗後，宋國人都怪罪襄公，襄公卻不後悔。他說，不重傷，不擒二毛，不以阻隘，不鼓不成列，都是遊戲規則。不遵守這些規則，就不是君子。寡人雖然是早已亡國之殷商的殘渣餘孽，也不能做偷雞摸狗的事。

有此想法的，並非只有宋襄公。

比如亞歷山大。

馬其頓國王亞歷山大有一句名言：偷來的勝利不光彩。因此，在公元前331年高加美拉大戰的前夜，他拒絕了偷襲波斯大營的建議。是啊，有着貴族精神和君子風度的古代軍人認為，戰爭是一種高尚而榮耀的事情，必須堂堂正正地進行。乘人之危是不義的。這樣做，不但違反規則，而且勝之不武。

亞歷山大善有善報。公元前326年，也就是高加美拉大戰五年後，他在印度河遭遇波魯斯。當時亞歷山大率領的是騎兵，且遠道而來，喘息未定，人生地不熟。波魯斯佈下的卻是象陣，還從容不迫，以逸待勞。勝負，幾乎不言而喻。

然而波魯斯卻像當年的宋襄公和波斯統帥一樣，坐失良機。他耐心地等待馬其頓軍隊渡河、集結、調整、休息、佈陣，一直等到對方一切就緒，這才與之交鋒。結果，印軍大敗，波魯斯也做了俘虜。

傻得可愛的波魯斯，可謂印度版的宋襄公。

不過這位“印度宋襄公”同樣善有善報。亞歷山大待他以國王之禮，還讓他繼續統治自己的王國。這不僅因為波魯斯有着魁偉的身材、英俊的外表，更因為他有着武士的英勇和高貴。正是這種精神，讓亞歷山大由衷地表現出欣賞和崇敬。

這是一種王者風範。

的確，在印度的種姓制度中，國王和武士屬於第二等級，叫“剎帝利”。作為高貴的等級，剎帝利也必須有高貴的表現。婆羅門教的《摩奴法典》甚至明確規定，戰爭中不能使用“奸詐的兵器”。而且，跟中國春秋的“不重傷”和“不擒二毛”一樣，他們也不能攻擊處於弱勢的人。這些人包括婦女、兒童、老人、殘疾人、傷病員，也包括俘虜、逃兵、膽小鬼、旁觀者，甚至包括沒穿甲冑、解除武裝和睡眠中的人。違反規定者，將受到鄙視和詛咒，並不得進入天國。

人是要有一點精神的。是貴族，就得有貴族精神。儘管這精神在全世界都已所剩無幾，但畢竟曾經存在。是的，曾經存在，在希臘，在波斯，在印度，在馬其頓，在中國。

宋襄公，你不孤立！

難言宋襄公

不過，溫文爾雅紳士風度慈悲為懷的宋襄公，又似乎不是甚麼善類。本中華史第三卷《奠基者》第二章曾經提到，殷商用活人做犧牲品的制度，雖然被周人廢除，後來卻仍有一位子爵因此被殺。此事在當時，恐怕是遭了惡評的。《左傳》的態度，便明顯地不以為然。[17]

這起血案的主謀，就是宋襄公。

從這個角度講，宋襄公也不是甚麼"人道主義者"，更非君子。

沒錯，宋襄公是所謂"亡國之餘"，難免念念不忘殷商的傳統。但宋國大夫子魚同樣是殷商的"殘渣餘孽"，卻完全不贊同襄公的做法。這位老兄在襄公執政的十四年間，幾

乎一直充當"反對黨"。曹之盟，宋襄公要殺鄫國國君祭祀
社神，他反對；泓之戰，宋襄公堅持所謂"不鼓不成列"，
他反對；魯僖公十九年的圍曹，二十二年的伐鄭，他當然也
都反對。因為襄公的所作所為，其實都只有一個動機，那就
是稱霸中原。這在子魚看來，無異於癡心妄想。他曾經無奈
地說：國君的野心也太大了，小小宋國怎麼承受得了啊！[18]

　　事實證明，子魚是對的。

　　泓之戰的前一年，即公元前 639 年春，宋襄公大會諸
侯，希望那些依附楚國的國家改換門庭，奉自己為盟主。楚
人雖然肚子裏冷笑，卻也裝模作樣地表示同意。於是到了秋
天，襄公便再次大會諸侯，準備扎扎實實過一把老大的癮。

　　對於這件事，子魚當然也是反對的。反對無效，便建議
襄公帶着部隊去。誰知宋襄公的書呆子氣又發作了，或者認
為江湖老大更應該像個君子。他說，我們講好了誰都不帶兵
的。我提出的規矩，我怎麼能破壞？

　　結果，宋襄公被楚人俘虜。[19]

　　這時的襄公，倒是頭腦清醒了。他很清楚，能救宋國
的只有子魚。實際上子魚原本也是可以做宋國國君的。他是
襄公同父異母的哥哥，因為庶出而不能立為太子。宋桓公病
重時，當時還是太子的襄公曾經建議父親傳位於子魚，因為
子魚既年長，又仁義。桓公表示認同。子魚聽說，立即飛快

地跑開。他説：弟弟能把君位都讓出來，還有比這更仁義的嗎？

襄公這才成為國君。[20]

此刻，做了俘虜的宋襄公便託國於子魚。襄公説：哥呀，快回去鎮守國家吧！這個國家，就是哥哥你的。寡人是因為不聽忠言，才落得這個下場啊！

子魚則説：君上就是不講，國家也是臣的。於是立即回國加強戰備。宋國國人也同心同德，準備迎接楚人的進攻。楚人傳話給宋人：不妥協，就殺了你們的國君。宋人則説：抱歉！承蒙列祖列宗保佑，我們有國君了。楚人要挾不成，只好放了襄公。襄公自由後，就跑到衛國，準備在那裏度過餘生。子魚説，這個國家，臣是為君上鎮守的，君上為甚麼不回來呢？便把襄公接回國來。

這個感人的故事，記載在《公羊傳》，司馬遷的《史記》沒有採信，因此是否可靠不得而知。而且回國以後的宋襄公，也並沒有接受教訓，第二年又自不量力地去討伐楚的同盟鄭國，並與楚軍戰於泓水，受傷而死。

《公羊傳》的故事如果可靠，那麼襄公和子魚，就堪稱當時最好的君臣和兄弟。至少，是之一。

這很重要。因為在周代，甚至在整個中國古代，君臣都是最重要的關係，君臣之義也是最大的義。在春秋時期，它甚至是不分國別的。因此即便在戰爭中，外邦的臣子見了敵方的君主，也得恪守臣禮，讓他三分。比如在鄢陵之戰中，晉國的下軍統帥韓厥和新軍副帥郤至，都有機會俘虜楚的同盟國國君鄭成公，但他們都放棄了，因為不能讓一國之君受辱。鄭成公的侍衛長則讓武藝更高強的駕駛員留在車上護駕，自己衝進敵陣，掩護國君撤退，終於戰鬥而死。[21]

　　這才是周的戰士。對於他們來說，做一個好臣子，是比做一個好戰士更重要的事情。或者說，一個好的戰士，首先得是好的人臣。當然，一個好的統帥，也首先得是好的人君。不了解這一點，就看不懂周人的風采和風範。

師曠說：老天爺是愛民如子的。
上天為人民立君，
難道是讓他騎在民眾頭上作威作福？

第四章

人臣

老爹退下

鄢陵之戰的戰場上，有泥沼。

泥沼很大，擋在晉軍營壘前，大家都小心翼翼繞開走。中軍統帥欒書和副帥范燮，率領自己的親兵一左一右護衛着國君。晉君車上，少毅是駕駛員，欒鍼是侍衛長，但戰車還是陷進了泥沼。

身為中軍統帥和晉國大臣，欒書當然不能袖手旁觀。於是他下車走過來，準備扶國君轉移到自己的車上。

欒鍼卻大喝一聲：欒書退下！

喝令欒書退下的欒鍼慷慨陳詞：國家大事，你豈能一人獨攬？再說了，侵犯別人的職權，這叫冒犯；放棄自己的職責，這叫怠慢；離開本職工作崗位，跑到別人這裏來，這叫搗亂。有這三條罪名，你還動嗎？

於是欒書立即退下。

欒鍼則跳下車來，用力掀起戰車，脫離險境。[1]

這事在鄢陵之戰中，不過小插曲，卻被史家隆重地記載下來，其實是有深意的。事實上，欒書不但是中軍統帥，而且是欒鍼的父親。下級呵斥上級，還劈頭蓋臉，豈非不忠？兒子呵斥父親，還直呼其名，豈非不孝？

恰恰相反。

欒鍼的做法，完全符合禮儀，也合乎道理。首先，這是在國君面前。君前無父子。所有人當着國君之面，都要直呼其名。[2]這個規矩，一直延續到明清。其次，欒書如果把國君轉移到自己的車上，就無法再行使統帥職權。這當然是失職和失責。第三，欒鍼的職務，是車右。按照當時的制度，車右的任務原本就是"備傾側"和"備非常"。[3]欒鍼該做的事，欒書豈能越俎代庖？那可真是狗拿耗子多管閒事，不折不扣的侵權或越權。

由此可見，所謂"君仁臣忠，父慈子孝"，有先後。公私不能兩全，則先公後私。忠孝不能兩全，則先忠後孝。在人君面前，人父必須退居二位。而且，為了讓兒子盡忠，做父親的往往要委屈自己，甚至犧牲生命。

比如狐突。

　　狐突是晉文公重耳的外祖父，在晉獻公時曾擔任太子申生的駕駛員。獻公去世後，國君是惠公。惠公擔任國君十四年，與宋襄公同在公元前 637 年去世（宋襄公死在五月，晉惠公死在九月）。繼位的是他的兒子，是為懷公。懷公很清楚，當時晉國的人心所向和眾望所歸，其實在公子重耳。重耳流亡國外，狐突的兒子狐毛和狐偃追隨左右，實在是懷公的心腹之患。

◎ 晉獻公的子孫

長子	申生	母齊姜		被驪姬所迫自殺
次子	重耳	母狐姬	晉文公	惠公死後奪懷公位
		外祖父狐突		
三子	夷吾	母狐姬之妹	晉惠公	奚齊和卓子被殺後即位
四子	奚齊	母驪姬		被里克所殺
五子	卓子	母驪姬之妹		被里克所殺
孫	圉	父夷吾	晉懷公	惠公死後即位，後逃亡被殺

　　於是懷公把狐突抓起來做人質。

　　懷公對狐突說：只要把兒子叫回來，寡人就免你不死。

　　狐突卻拒絕拿原則做交換，他給懷公講了一個道理。狐突說，君臣關係，並不是可以隨便建立的，因此也不能隨意改變。成為他人之臣，首先要把自己的名字寫在簡策上，叫

"策名"；其次要向人君敬獻禮品，叫"委質"。這兩件事，都表示以身相許，也表示一旦確立關係，就忠貞無二，永不變心。

顯然，春秋時期有兩種關係：公私與君臣。職務對職務，是公私；個人對個人，是君臣。君臣關係高於公私，也重於公私。因為不能效忠主公，也就不能效忠國家。因此，必須先忠君後報國，哪怕那人君並非王侯，甚至流離失所。這就是狐突他們代表的主流觀念。

於是狐突說：做兒子的能夠擔當重任，是因為做父親的教以忠誠。臣這兩個兒子，成為重耳之臣已經很久了。如果臣把他們叫回來，那就是教唆叛變。做父親的教唆兒子叛變，又拿甚麼來效忠於君？若不殺臣，那是君上的英明，也是下臣的願望。如果濫用刑罰以逞淫威，請問又有誰不是罪人？下臣聽命就是。

懷公便殺了狐突。

可惜懷公此舉只是成全了狐突，卻並不能改變自己的命運。第二年春，公子重耳在秦國軍隊護送下回國，是為晉文公。為此，諸侯們舉行了盟會。盟會的主持人，便正是狐突的兒子、重耳的舅舅狐偃。至於懷公，在重耳啟程後不久就逃出國都，後來又被謀殺，只做了三四個月的國君。[4]

血案早已發生

　　懷公成為晉君，原本就是歷史的誤會。

　　晉懷公是晉惠公的兒子，晉獻公的孫子。晉獻公女人多，兒子也多。第一位夫人是賈國的公主，無子。之後，齊姜生申生，狐突的女兒狐姬生重耳，狐姬的妹妹生夷吾，驪姬生奚齊，驪姬的妹妹生卓子。這些女人當中，最有心機的是驪姬。驪姬為了讓自己的兒子能夠接班，使盡了陰謀詭計。最後，太子申生被逼自殺，重耳和夷吾先後出走流亡國外，奚齊被立為太子。驪姬，似乎可以得逞。

　　可惜人心不服。

　　這時的朝廷重臣，是荀息、里克和丕鄭。里克原本是支持太子申生的。申生死後，又私底下支持重耳，表面上中立。[5]

丕鄭，則跟里克一夥。獻公和驪姬可以依託的，只有荀息。何況荀息有能力。向虞國借道攻打虢國，導致虞國唇亡齒寒，最後被滅，就是荀息的手筆。

於是晉獻公託孤於荀息。

獻公說：這個弱小的孤兒，就拜託給大夫您了。大夫您打算怎麼樣呢？

荀息伏地叩首說：下臣將忠貞不二，竭盡全力，效犬馬之勞，為股肱之臣。如果成功，那是君上在天之靈的福佑。不成，臣就去死。

這是莊嚴的宣誓，當然必須履約。事實上，晉獻公死後頂多一個月，里克就發動了兵變，[6] 而且事先把情況通報了荀息。里克說：奚齊繼位，不得人心。太子申生、公子重耳和公子夷吾的舊部，憤怒已經到了沸點。天怒人怨，兵變一觸即發，先生打算怎麼辦？

荀息說：我去死！

里克說：恐怕沒甚麼用吧？如果因為先生的死，那孩子就能安然無恙地繼承君位，倒也罷了。如果先生自盡，那孩子照樣被廢，又何必去死？

荀息說：在下對先君有承諾，不可言而無信。一個人，既要履行諾言，又想明哲保身，做得到嗎？所以，雖然我之死無濟於事，但我又能躲到哪裏去呢？再說了，每個人都會去做自己認為正確的事。在這一點上，請問誰不如我？我自己既然忠貞不二，那麼，能攔住別人，不讓別人效忠嗎？

里克馬上就聽明白了，荀息只是要效忠，卻未必效力，甚至也無力可效。所謂"我欲無二，而能謂人已乎"，其實就是不阻攔里克的兵變。這個不阻攔，可以理解為無能為力，也可以理解為尊重里克的效忠。總之，荀息的態度，可以歸結為一句話：各為其主，各盡其責，成敗與否，聽天由命。

有了荀息的態度，里克立即動手。這年十月，里克在居喪的茅屋裏殺了奚齊，荀息也立即準備自殺。有人說：不如立奚齊的弟弟卓子為君，盡力輔佐，也算履行了諾言。於是荀息就立卓子為國君，並安葬了晉獻公。然而到十一月，里克又在朝堂上殺了卓子。荀息無路可走，終於自殺。

奚齊和卓子先後被殺，有資格繼承君位的，就只剩下重耳和夷吾。這時，周天子已經沒有多少權威。誰當晉君，得由大國說了算。大國中有發言權的，是齊國和秦國。大國扶持的國君站不站得住腳，則要看朝中重臣的意見。大臣中有發言權的，是里克和丕鄭。君位落入誰手，全看這兩個大國、兩位大臣。

於是夷吾派人向里克行賄，許以汾陽之邑；又派人向秦國行賄，許以河西之地。秦穆公問來人：夷吾在國內靠誰支持？來人說，公子沒有支持者，也沒有反對派，而且從小就性格內向。穆公聽說，便覺得讓這麼個孤立無援的沒用傢伙做晉君，其實符合秦國的利益，便派兵護送夷吾回國。

這時的中原霸主，是齊桓公。晉國的內亂發生後，桓公就聯合諸侯派兵到了晉國。於是以齊國為首，秦國為次，諸侯一起立夷吾為君，是為晉惠公。里克原本是要立重耳的，但被重耳謝絕，也只好接受夷吾。[7]

天上掉餡餅，夷吾撿了個大便宜。

他的兒子懷公後來做了三四個月的國君，則算是小便宜，抑或是不幸。

這是公元前 651 年的事。也就在這年，宋襄公即位。宋襄公和晉惠公，同年即位，同年去世，可謂難兄難弟。不同的是，宋襄公即位後，重用子魚，宋國大治。他的錯誤，在外交而不在內政。晉惠公卻是內政和外交都一塌糊塗。他兒子懷公後來死於非命，其實是他造的孽。

但懷公並不是第一位死難者。事實上，從獻公到文公，晉國的宮廷鬥爭持續不斷，死人的事也經常發生，可謂血案迭起。最先冤死的是太子申生，其次是奚齊，第三是卓子，荀息是第四位。而且，荀息屍骨未寒，便輪到第五個人了。

這個人，就是里克。

又起屠刀

里克是被晉惠公逼死的。

公元前 651 年，惠公靠着齊國和秦國的支持成為晉君。第二年，周天子派大員會同齊國大夫確認了他的國君身份。這個時候，晉惠公大約覺得地位已穩，便向里克舉起了屠刀。

惠公殺里克，有多種原因。比方説，他曾許諾封里克以汾陽之邑，現在卻想賴賬。這是有可能的。事實上，他答應割讓給秦國的河西之地，就賴掉了。又比方説，里克畢竟殺了奚齊和卓子，還變相地殺了荀息。有此重罪，不處理似乎沒法交代。更重要的是，里克支持重耳。重耳雖然人在國外，但威望和聲望都比惠公高。如果里克和重耳裏應外合，惠公是抵擋不了的。

於是惠公找里克談話。

惠公説：沒有大夫您，也沒有寡人的今天。不過，話雖如此，先生畢竟殺了兩位國君、一位大夫。做先生的人君，豈不是太難了嗎？

里克説：下臣不殺那三人，君上豈能回國即位？既然要加罪於臣，哪裏還怕找不到説法，何必弄得那麼麻煩？臣聽到命令了！

説完，里克拔劍自殺。[8]

里克自殺後，丕鄭本人以及里克和丕鄭的死黨，也被惠公手下誅殺。但血案並沒有到此為止。下一個被殺的，是慶鄭，只不過要到五年之後。

慶鄭是晉國的大夫。他的被殺，是因為對惠公的所作所為實在看不下去。事實上，從逼死里克，到殺掉慶鄭，前後五年間惠公的表現，確實像一個十足的混蛋。公元前650年，他的屁股剛坐穩，就派丕鄭到秦國去賴賬，而且話説得極其無恥。據《史記・晉世家》，惠公的話是這麼説的：夷吾曾許諾貴國以河西之地，現在照理説應該兌現，可是大臣們不同意。大臣們説，敝國的土地是先君的。夷吾不過流亡在外的公子，哪有權力擅自給人？寡人爭不過他們，實在抱歉！

這簡直就是無賴，但對秦國來説卻是自作自受。實際上，當年秦穆公為晉國擇君，是派人出去考察了的。考察的結果，是重耳更仁義。討論的結果，卻是選個差的。考察團團長對穆公說：仁有置，武有置；仁置德，武置服。意思是：如果要弘揚仁義，那就為他們選個德才兼備的；如果要稱霸中原，那就為他們選個老實巴交的。秦國當然想稱霸，就選了晉惠公這個"老實人"。

誰知道老實人未必老實。晉惠公雖懦弱無能，卻也厚顏無恥。被忽悠了一把的秦國只好吃啞巴虧。

問題是事情還沒完。

賴賬之後三年，晉國發生饑荒，便向秦國購買糧食。秦國君臣研究後，決定立即進行人道主義救援。因為自然災害，哪個國家都會有。救災恤鄰，是人間正道。秦穆公也說，他們的國君雖然可惡，但人民又有甚麼罪過？於是秦國以德報怨，給晉國運送糧食的船隊浩浩盪盪，源源不斷，史稱"泛舟之役"。

然而第二年秦國發生饑荒，向晉國購買糧食，卻遭到拒絕。晉國君臣討論這事時，反對派的理由居然是：皮之不存，毛將安傅？也就是說，兌現承諾，割以河西之地，這是"皮"。賣些糧食給晉國，則不過是"毛"。皮都賴掉了，給幾根毛有甚麼用？這點小恩小惠，不但不能消除秦國的怨恨，反倒只能加強他們的實力，不如破罐子破摔，得罪到底。

這種混賬話,惠公很以為然。

慶鄭卻不能同意。他說:忘恩負義,無親;幸災樂禍,不仁;貪小便宜,不祥;得罪鄰居,不義。這道理,老百姓都懂。誰要是這麼做,親人都會結仇,何況秦國跟我們還有夙怨?

晉惠公不聽。[9]

這一下,秦晉兩國便結下了樑子,慶鄭跟惠公也有了嫌隙。這樑子終於導致秦國和晉國開戰,惠公也做了俘虜。後來,經過多方努力,晉惠公被秦國釋放。而惠公回國的第一件事,就是殺慶鄭。

我不逃

慶鄭坐在國都等死。

導致晉惠公一定要殺慶鄭的，是秦晉兩國的那場戰爭。公元前 645 年，也就是晉國拒絕賣糧食的第二年，熬過了大饑荒的秦國迎來了大豐收。手中有糧，心中不慌。糧草充足的秦軍摩拳擦掌，要向晉國討還公道。夏曆九月，秦穆公御駕親征，率兵伐晉。晉惠公也親自上陣，迎戰秦軍。理直氣壯的秦軍鬥志昂揚，乘勝前進，晉軍則一敗再敗，三敗而至韓（在今何處有爭議）。

惠公問慶鄭：敵軍深入我境，怎麼辦？

憋了一肚子氣的慶鄭反唇相譏：這不是君上讓他們深入的嗎？能怎麼辦？

惠公氣急敗壞，大喝一聲：放肆！

於是拒絕接受占卜的結果，不讓慶鄭擔任他的車右；又不聽慶鄭勸阻，堅持讓鄭國出產的小駟馬拉車。

如此固執己見死不改悔的結果，是十四日這天，惠公的戰車陷在爛泥裏出不來。惠公這才急了，向慶鄭呼號求救，慶鄭卻置之不理。不但不理，還氣哼哼地說：剛愎自用，不聽忠言，背信棄義，無視占卜，這是自求其敗，何必要搭我的車？下臣這輛破車，恐怕不值得君上用來屈尊逃亡。

後面的細節就不甚了然。我們只知道，當時秦穆公的處境也很危險。晉軍這邊，已經有一輛戰車迎上了穆公，眼看就要俘虜他。但按照《左傳》的說法，是因為慶鄭在晉惠公這裏耽誤了，所以穆公得以逃脫。按照《國語》的說法，則是慶鄭要那輛戰車來救晉惠公，這才放跑了秦穆公。

總之，秦穆公沒事，晉惠公被俘。

人君不公，人臣不忠，[10] 晉惠公的被俘只能說是咎由自取。

但後果，卻很嚴重。

如果就事論事，則晉軍的戰敗，惠公的被俘，慶鄭都是有直接責任的。因此，後來晉惠公被釋放，即將回國時，就有人建議慶鄭逃走。

慶鄭說：我不逃！

　　對此，慶鄭的說法是這樣的：照規矩，軍隊潰敗，就該自殺；主將被俘，就該去死。我慶鄭，既害得國君兵敗被俘，又沒能在兵敗之後以身殉國，已經罪不容赦。如果居然還逃亡，讓國君失去懲罰罪臣的機會，那就不像人臣了。明明是人臣，又不像人臣，如此"臣而不臣"，還能逃到哪裏去？

　　於是等着惠公來抓他。

　　惠公回國，剛走到城郊，聽說慶鄭沒有逃亡，立即下令將他捉拿歸案。

　　惠公說：你這罪人，為何不逃？

　　慶鄭說：為了成全君上。當年君上即位，如果履行諾言，以德報德，國勢就不會下降。國勢下降後，如果接受勸諫，採納忠言，戰爭就不會爆發。戰爭爆發後，如果起用良將，用兵得當，也不至於戰敗。現在敗都敗了，能做的就只剩下誅殺罪人，以謝天下。這個時候，如果還把臣放跑了，怎麽保得住封國呢？所以臣特地等在這裏，以保證君上不會犯最後一個錯誤。

　　惠公一聽，簡直就要氣瘋了，連聲喊道：快殺了他！快殺了他！

　　慶鄭卻很平和。

　　心平氣和的慶鄭微微一笑：臣下據理直言，乃為臣的正道；君上依法直刑，乃為君的聖明。總之，君臣都要講一個

"直"字，國家才有利。所以，就算君上不動手，下臣也會自殺。

史家沒有記錄當時的天氣。按節氣算，這會兒天地之間應該是一片蕭殺。

晉國的大臣們則分成了兩派。一派主張釋放慶鄭，讓他戴罪立功；另一派則認為不但不能饒他一死，就連讓他自殺都不可以。因為慶鄭最大的罪惡，就是無視君父，自作主張。這傢伙，戰爭中已經自行其是，現在又豈能讓他自行了斷？苟如此，則綱紀何在，體統何存？

其實這時惠公的最佳選擇，是採納前一種建議。因為這樣做，君上有不計前嫌的聲譽，臣下有主動就刑的美名，對晉國是有利的。可惜惠公是個混蛋。是混蛋，就不能指望他作出英明決策。如果這混蛋還擁有不受限制和監督的權力，他唯一能做的就是把自己從小混蛋變成大混蛋。

因此，惠公最後還是殺了慶鄭。

好在慶鄭被殺後，惠公似乎也懂得了收斂。此後八年，倒沒聽說他還有甚麼荒唐事。從這個意義上講，也可以說慶鄭沒有白死。[11]

但，故太子申生，可就死得太冤了。

怎麼都得死

太子申生是被驪姬害死的。

為此，她機關算盡。

第一步，是慫恿晉獻公讓太子申生遷到曲沃，公子重耳遷到蒲，公子夷吾遷到屈，實際上是把這三個人都攆出去，只留自己的兒子奚齊、妹妹的兒子卓子在國都。第二步，是慫恿晉獻公派申生率軍出征。申生如果戰敗，就以此治罪；如果勝利，則誣陷他有野心。可惜，申生班師回朝後，雖然流言四起，卻並未能撼動其地位。於是驪姬使出最後一招，親手製造了一起投毒案。

公元前 656 年，驪姬羽翼豐滿，開始實施犯罪。圈套和陷阱，是謊稱晉獻公夢見了申生的生母齊姜。按照當時的制度，申生必須立即祭祀，祭祀後還必須把酒和肉獻給君父。而這時，獻公正好外出打獵。利用這個時間差，驪姬在肉和酒裏下了毒（一說以毒酒和毒肉替換）。獻公灑酒祭地，地隆起。把肉給狗和小臣吃，狗和小臣立即死亡。成為犯罪嫌疑人的申生百口莫辯，只有去死。[12]

死，是沒有價錢可講的，因為這是弒君和弒父的雙重大罪。已遂，則當誅；未遂，得自殺。

問題在於這是冤案！而且，案情如此簡單，難道就無人識破？驪姬步步緊逼，申生就毫無感覺？獻公偏心眼，驪姬狐狸精，路人皆知。那些朝中大臣，難道都由着他們胡來，一個勸阻和反對的都沒有？或者說，一個幫助申生的都沒有？

當然有。

但為了恪守臣道，他們都退下陣來。

比如里克。

晉獻公派申生率軍出征，里克是表示了反對的。但獻公不聽，里克也沒有堅持。相反，他對申生說：為臣，只怕不忠；為子，只怕不孝。廢立之事，不是太子應該考慮的。太子還是努力做好工作吧！[13]

有人說，這是善於處理父子關係，[14] 甚至就是為臣之道。這話恐怕可以商榷。比方說，後來里克殺奚齊和卓子，怎麼就毫不手軟，就不講君臣大義？說到底，無非之前的獻公強勢，之後的驪姬和奚齊孤兒寡母，好欺負。這樣看，後來里克被相對強勢的惠公所殺，便多少有點自作自受。

再說狐突。

對於申生的率軍出征，狐突也是勸阻了的，但申生不聽。申生說，君父派我出來打仗，不是因為喜歡我，而是為了考察我。既然反正都難免一死，不如一戰。不戰而返，罪過更大。作戰而死，至少還能留下美名。

結果不出狐突所料，申生回國，讒言四起。於是狐突閉門不出。

里克和狐突的溫良恭儉讓，其實是姑息養奸。當然，以狐突當時的地位，多半也是無能為力。里克卻不是無力，而是無心，或無膽。事實上，驪姬要謀害太子，里克是知情的。然而他左右為難，他的同夥丕鄭則表示沒有主意。里克便對丕鄭說：弒君，我不敢；幫兇，我不能。我只有躲起來。

於是里克稱病不朝。三十天後，驪姬得逞。[15]

最後說申生。

申生名為儲君，其實是個苦孩子。母親身份不明，[16] 父親另有所愛，大臣們對他的建議和勸導，都是要乖，要好，要聽話，要盡忠，要盡孝。從來就沒人告訴他，他自己有甚麼個人權利可以主張，也不知道該如何主張。

因此，當申生被驪姬誣陷時，他其實是無法自救的。有人對他說：太子去申辯吧，君上一定能明辨是非。申生卻心灰意冷。申生說，我去申辯，驪姬就得問罪。我的國君和父親老了。沒有驪姬，他老人家吃不下飯，睡不着覺。君父不開心，申生怎麼可能開心？

公元前 656 年，夏曆十二月二十七日，申生在曲沃上吊自殺。[17]

冤死的申生死不瞑目。據說，死前申生託人帶話給閉門不出的狐突：申生有罪，不聽您老人家的話，才有了今天這個下場。申生並不敢貪生怕死，只是心疼我們的國君老了，國家又多災多難。您老人家再不出山，奈吾君何？如果您老人家肯出來做事，申生就算是拜您所賜而死，將無怨無悔。[18]

狐突後來的死節，或許與此有關。

再說君臣

　　現在，似乎該檢討一下君臣關係了。

　　君臣父子，是中國歷史上最重要的人際關係。想當年，年輕的孔丘到齊國找工作，齊景公問他何以治國，孔子的回答便是"君君，臣臣，父父，子子"，也就是君像君，臣像臣，父像父，子像子。齊景公則點頭稱是説，是啊，如果君不君，臣不臣，父不父，子不子，就算有糧食，寡人吃得到嗎？

　　事實上，君臣父子這四個字，乃是中國古代最重要的政治理念、道德規範和制度設計，因此從西周以來，就被着力打造、建立和維護，不容動搖。

　　當然，秦漢前後，君臣關係是有區別的。西周到春秋，理論上是家臣效忠家君，國臣效忠國君，天下之臣效忠天下共主，即士效忠大夫，大夫效忠諸侯，諸侯效忠天子，逐級效忠。到戰國，天子沒有了，三級效忠變成兩級效忠。但，逐級效忠不變，君臣關係也不變。

秦漢以後，諸侯沒有了，逐級效忠變成直接效忠。皇帝是唯一的君，其他人從官員到百姓，都是臣。不過，這也要看世道。如果天下大亂，則各為其主。比如東漢末年，就是周瑜效忠孫權，關羽效忠劉備，郭嘉效忠曹操。效忠對象雖不相同，君臣關係仍然是綱。

很顯然，在中國古代，君臣關係是社會穩定的基礎，君主制度的基石。其他關係，也都可以看作君臣，比如父親是家君，丈夫是夫君。兄弟和朋友看似平等，那是因為上面還有君父。沒有君父，大哥便是君。君臣之道，豈非大義？

可惜，它先天不足。

不足在於不平等。君父，毋庸置疑地高於臣子。這可是違背人之天性的，因此不能不設法彌補。彌補的辦法，是用對等來替代平等。比如"君仁臣忠，父慈子孝"，或"君使臣以禮，臣事君以忠"。[19] 也就是說，君臣父子都有道德上的義務，也都要遵守遊戲規則。一旦失禮，很可能代價慘重。

這事有案可稽。

公元前 559 年，衛獻公請兩位大夫吃飯。兩位大夫依照禮節，衣冠楚楚準時準點來到朝堂，恭恭敬敬地等在那裏。

然而左等不來右等不來，太陽快下山了衛獻公還不露面。最後，才發現他在園子裏射雁。而且見了兩位大夫，居然不脫皮冠就跟他們說起話來。

這是嚴重的失禮。皮冠，是戎裝或獵裝。所以，臣見君，君見臣，即便是在戰爭中或狩獵時，也至少要免冠（摘下皮冠）。魯成公十六年，晉國大夫郤至三次遇到楚王戰車，每次都要免冠。楚共王派使節去慰問他，他立即免冠聽命。魯昭公十二年，身穿獵裝的楚靈王接見自己的大臣，則不但免冠，而且去披（脫去披肩）、捨鞭（扔掉馬鞭）。不摘皮冠，就是把對方當作仇敵或野獸。請客吃飯而着獵裝，更是公然的羞辱。衛國這兩位大夫忍無可忍，怒不可遏，便發動兵變把獻公驅逐出境，十二年後才讓他回國。

此事發生時，晉國的國君是悼公。悼公問他的樂師師曠：衛國人驅逐了他們的國君，是不是也太過分了？師曠說，恐怕是他們的國君太過分。國君，是祭祀的主持人，也是人民的希望。如果人民失望，那又何必要他？老天爺是愛民如子的。上天為人民立君，難道是讓他騎在民眾頭上作威作福？[20]

這話說得擲地有聲，應該喝彩。

可惜，君要仁，父要慈，並沒有可操作的制度來監督，也沒法監督。他們仁不仁，慈不慈，守不守禮，全靠自覺。

相反，君父們的絕對權威，則天然合理，無人質疑，不可動搖。結果是，君可以不仁，臣不能不忠；父可以不慈，子不能不孝。甚至一旦君父昏暴，則很可能不幸如申生：盡忠，他得死；盡孝，他也得死。不死，就不忠不孝；死，則忠孝兩全。

這是甚麼混賬邏輯！

這又是甚麼狗屁道德！

於是臣子們便只能碰運氣，或者看着辦。狐突、里克、慶鄭的共同特點，就是恪守臣道，但不出賣良心，也不放棄尊嚴。要殺，隨你！要命，拿去！我可以去死，但話要說清。死得不明不白，不幹！

荀息則是另一種態度，那就是無條件地盡忠。在他看來，受人之託，尚且要忠人之事，何況是君父所託？至於成功與否，則謀事在人，成事在天。

這恐怕也是大多數臣子的基本立場。因為不管怎麼說，君，總歸是一國之主；父，則無疑是一家之主。君主蒙羞，則舉國蒙羞；君主蒙難，則舉國蒙難。所以，惠公被俘後，晉國的大夫們都披頭散髮，拔起帳篷跟着走。

秦穆公無奈，只好派使者去傳話：諸位不必那麼憂慮吧？寡人陪着貴國國君往西走，不過是要告慰貴國故太子的在天之靈，[21] 豈敢有甚麼過分之舉？

　　晉國的大夫們則誠惶誠恐地行起了將亡或已亡之國的大禮，三次下拜三次叩首。他們說：偉大的君上！您老人家腳下是地，頭上是天。皇天后土都聽到了您的誓言。我等卑微的外邦小臣斗膽站在下風口，等候您仁慈的命令！[22]

　　後來晉惠公被放，這一幕也是起了作用的。

　　起作用的因素還有很多。其中之一，便是晉國外交官的成功斡旋。

叔詹走向那口大鍋，兩手緊緊抓住鼎耳，
對着蒼天大聲呼喊：殺了我吧，殺了我吧！
從今往後，以智慧和忠誠報效國家的，
都跟我同樣下場！

第五章

使節

弱國豈能無外交

秦穆公終於見到了呂甥。[1]

呂甥是晉惠公的死黨，里克和丕鄭的死敵。當年惠公派丕鄭到秦國賴賬，丕鄭就説是呂甥等人不同意將河西之地割讓給秦。秦穆公聽他這麼説，便採納丕鄭的建議，派人到晉國誘捕呂甥。沒想到呂甥等人識破詭計，反過來殺了丕鄭，又把里克和丕鄭的死黨一網打盡。秦穆公想得到的，自然全部落空。[2]

因此呂甥和穆公，可以説有一種特殊的緣分。只不過這一回，呂甥是作為晉國的使節到秦。使命，則是接回韓之戰中被俘的惠公。

呂甥的使命不容易。

任重是肯定的。韓之戰，晉國既戰敗，又理虧。答應贈與的土地不贈與，這是背信；晉國受災秦國支援，秦國受災晉國樂禍，這是棄義。因此秦國的憤怒已經到了極點。他們抓住了罪魁禍首，哪能說放就放？

秦國君臣，也意見不一。有人主張殺了晉惠公祭祖，有人主張要晉國拿太子作人質來交換。秦穆公的夫人是晉惠公同父異母的姐姐，則拼了命來救她弟弟。最後，穆公同意談判，呂甥則來接人。這事雖然已有八九成希望，但呂甥一言不慎，仍可能觸怒秦國，那可就萬劫不復。

因此呂甥跟穆公的對話，便很有看點。

穆公問：貴國和睦嗎？

呂甥說：不和睦。小人因為國君被俘而羞愧難言，因為親人戰死而悲痛不已。他們不怕徵稅加賦，全都整裝待發，一心要立太子為君。他們說，寧肯事奉戎狄，也要報此大仇！君子則既心疼自己的國君，也清楚他的罪過。他們不怕徵稅加賦，全都整裝待發，一心等待貴國的命令。他們說，秦國的恩德，是一定要報答的呀！如果不能報答，那就只能戰死。小人和君子，各執己見，所以不和睦。

這其實是綿裏藏針，話中有話了。

穆公當然也聽出那骨頭來，於是又問：貴國臣民，怎麼看國君的命運前途？

　　呂甥說：小人憂心忡忡，認為他難免一死；君子主張恕道，認為他一定回來。小人說，我們害苦了秦國，秦國豈能放過寡君？君子說，我們已經知罪了，秦國也一定寬宏大量。一個人，背信棄義就抓起來，低頭認罪就放了他，天底下，還有比這更厚道的德行，更嚴厲的懲罰嗎？結果肯定是心存感激地惦念那恩德，心懷鬼胎地畏懼那懲罰。因此，就憑這一懲前毖後的舉動，秦國便可以稱霸。敝國的君子們堅信，與此相反的蠢事，秦國是不會幹的！

　　穆公聽了，大為讚許。他不但如約放人，還立即改善了惠公的生活待遇。[3]

　　呂甥這番外交辭令，不卑不亢，有理有節，確實可圈可點；而另一位外交官的表現，則堪稱以柔剋剛，四兩撥千斤，不能不讓人拍案叫絕。

　　這位使節，就是魯國大夫展喜。

　　展喜比呂甥更難。呂甥代表的晉國，只是戰敗而已；展喜代表的魯國，卻是還沒開打就得求和。公元前 634 年，魯僖公因得罪齊國，遭到討伐。魯國不是對手，只能訴諸外交。但，話怎麼說，禮怎麼送，魯國君臣一籌莫展。因為再貴重的禮物，人家也可能不屑一顧。最後，展喜決定帶最微薄的見面禮去。

　　他帶去的是"膏沐"。

膏沐，其實就是洗髮膏和沐浴露。

展喜說：敝國寡德之君不懂事，沒伺候好貴國邊疆的大臣，勞累君上您尊貴的腳步踏入敝國卑賤的土地，貴軍將士也風餐露宿十分辛苦，寡君非常非常過意不去。因此，特派臣下冒昧地送些洗髮膏和沐浴露，以示犒勞。

齊孝公問：魯國害怕了吧？

展喜說：小人膽戰心驚，君子有恃無恐。

孝公說：切！你們的糧庫裏一粒米都沒有，田地裏一棵草都不長。貴國都成這樣了，憑甚麼滿不在乎？

展喜說：憑貴我兩國的傳統友誼！貴國先君是太公，敝國先君是周公。想當年，太公和周公，輔佐武王平定天下，被成王冊封在此。天底下，還有比這更鐵的哥們嗎？小弟犯了錯誤，大哥當然要教訓，卻總不至於要了小弟的命，也不會為了一點蠅頭小利忘了先王。所以我們不怕。

齊孝公聽了，立即下令撤軍。[4]

顯然，這同樣是相當成功的交涉。事實上，弱國未必無外交。相反，正因為弱勢，才更要善於運用外交手段；弱國或戰敗國的使臣，不但要剛柔兼濟智勇雙全，還更要有君子風度和貴族精神。

那就再看幾個案例。

兇險的婚禮

公元前 541 年，鄭國都城之內一片恐慌，因為楚國的一位政要即將進城。

這位政要是王子圍。

子圍是楚國的令尹。令尹，是春秋戰國時期楚國執掌軍政大權的最高長官，相當於後世的宰相，大多由王子甚至儲君來擔任。實際上，子圍就是前任楚君康王的弟弟，現任楚君郟敖的叔叔。而且，也就在這年年底，他即位為楚王，即楚靈王。這樣一位人物，當然非同一般。

令尹子圍是來迎親的。

他娶的是鄭國大夫公孫段的女兒。

段，是鄭穆公的孫子，所以叫"公孫"。楚國的政要來迎娶鄭國大夫的女兒，這是天大的好事，為甚麼要恐慌？

因為子圍是帶着兵來的。

事實上，子圍來鄭國，主要是進行國事訪問，然後參加在鄭國境內舉行的十一國會議。當時諸侯的會盟有兩種：一種叫"乘車之會"，不帶兵；一種叫"兵車之會"，帶兵。公元前639年宋襄公大會諸侯，約定的就是乘車之會，楚成王卻帶了兵去，結果宋襄公做了俘虜。

歷史的經驗值得注意，鄭國不能不小心謹慎。何況楚國的狼子野心，子圍的專橫跋扈，盡人皆知。這回他來鄭國，誰知道真實目的是甚麼？誰又能擔保他不會因為某件事情不高興，就在鄭國都城之內大動干戈？畢竟，此刻已是春秋晚期，禮壞樂崩，並非所有人都講君子風度。何況楚人一貫自稱蠻夷，原本就不那麼恪守周禮。公然稱王，就是表現。鄭國雖然在春秋最早期，曾經是唯一的強國，這時卻衰落到接近"第三世界"。楚國則雖然原本"蠻夷之邦"，現在卻儼然"超級大國"。這就有如後來的葡萄牙遇到了大英帝國，硬碰硬是不行的。

惹不起躲得起。鄭人只好請子圍一行住在城外的國賓館，好吃好喝伺候着。

但，子圍除了訪問，還要娶親。按照當時的婚姻制度，從說媒到成婚，要經過六道手續。最後也最隆重的一道，是

"親迎"，也就是新郎親自到女方家裏迎接新娘。這是除天子以外人人都要做的，子圍當然也不例外。

親迎就得進城，所以鄭國恐慌。

這時，鄭國主持工作的是大政治家子產，子產便派了一位使節去交涉。

使節的話，當然說得很客氣：敝國的國都實在太狹小，不足以款待令尹大人的隨從。敝國唯恐怠慢，因此請允許我們在郊外清理出一片寬敞的地面，權且替代公孫段的祖廟，不知可否？

子圍也派使節作答。

楚國使節的話，同樣客客氣氣，其實卻不容商量。楚使說：承蒙貴國君上恩准，賜福予敝國寡德之大夫圍，讓圍有機會給公孫大夫的女兒一個幸福美滿的家庭。圍接到命令，不敢怠慢，立即舉行儀式，向列祖列宗稟告，然後才膽敢前來親迎。如果在荒郊野外舉行婚禮，那就等於是把貴國君上的恩典扔在草莽之中，也讓敝國寡德之大夫圍，蒙受欺騙先君的不白之冤。這樣一來，圍還能夠回國為卿，替寡君效力嗎？懇請大人三思！

鄭國的使節則乾脆把話說穿。這位使者說：一個國家，弱小不是他的罪過。但如果稀裏糊塗地以某大國為靠山，卻毫無戒備，那就罪該萬死。寡君將公孫之女許配給令尹大人，無非就是想要有個靠山。但是誰又知道，那大國是不是包藏禍心，要打小國的主意呢？我等小人，別的不怕，就怕這樣一來，小國沒了依靠，諸侯也起了戒心。貴國失信於人，號令天下就不再那麼一呼百應。否則，敝國的國都，就是貴國的賓館，哪裏還會捨不得開放公孫段的祖廟？

這就等於捅破了窗戶紙。子圍一行，也知道鄭國有了防備。藉迎親而滅鄭國，是做不到了；而從《左傳》的表述看，他們還真有這打算。於是提出不帶兵器進城，鄭國也表示同意。一場兇險的婚禮，終於有驚無險，化險為夷。[5]

嘿嘿，弱國豈能無外交？

槍桿子裏面出說法

婚禮結束後，子圍便去開會。

這次十一國會議，是五年前"宋之盟"的繼續。那次盟會，在中國歷史上很有名，甚至被認為是東周上下兩段的一個分界點。[6] 起因，是宋國大夫向戎痛感諸侯爭霸，戰亂不已，因此發起和平倡議。當時的超級大國，主要是晉、楚、齊、秦。向戎跟晉國執政趙武、楚國執政屈建私交不錯，一說就通。齊國和秦國，也表示支持。諸小國處在夾縫中，早已苦不堪言，更是樂觀其成。

於是，公元前 546 年，即魯襄公二十七年夏天，以宋為東道國，晉、楚、齊、秦及其同盟國代表，共同簽訂了和平條約。此後，小國得到的和平安寧，宋有六十五年，魯有四十五年，衞有四十七年，曹有五十九年，[7]差不多都有半個世紀。因此，歷史上把這次盟會，稱為"弭兵之會"。弭（讀如米），停止和消除的意思；兵，指戰爭。所謂"弭兵之會"，其實也就是當時的"世界和平大會"。

可惜，世界和平大會，一點都不和平。

盟會還沒開始，楚國就提出一個提案，要求各大國的同盟國相互朝見。這個提案表面上看，很是合理。比如江湖大佬們拜了把子，各自門下的小弟當然也要見見，然後四海之內皆兄弟也。但楚國其實別有用心。要知道，參加盟會的國家中，只有陳、蔡、許三個小國是楚國的小弟，其餘魯、宋、衞、鄭這幾個中等國家則是晉國這邊的。而且，魯和宋拜了楚國的碼頭，魯國的小弟邾和莒（讀如舉），宋國的小弟滕和薛，也會跟了去。再加上曹國，楚國便宜佔大了。[8]

晉國當然不能同意。於是趙武讓會議的發起人和聯絡人向戎轉告：晉、楚、齊、秦，地位相當。晉國不能指揮齊國，就像楚國不能命令秦國。楚國如果能讓秦國國君駕臨敝國，敝國寡德之君又豈敢不去請齊君？楚人則耍賴皮說，那就我們兩家的小弟們見見好了。

可見，晉楚兩國，一開始就在較勁。

因此兩國的代表團，也各住一邊。晉人住在宋都北，楚人住在宋都南。楚人甚至"衷甲"，也就是禮服裏面穿了防彈背心。如此如臨大敵暗藏殺機，讓晉國代表團頗為緊張。
最後，還是副團長叔向安慰團長趙武：打着謀求和平的旗號
來發動戰爭，楚國應該還不至於。

但，要價則是肯定的。

楚人的要求，是先歃。歃（讀如煞），就是歃血。這是
當時諸侯各國盟會時的一個重要程序。具體做法，是牽一頭
牛來，割下左耳，放在盤裏；流出的血，則放在一種叫作敦
（讀如對）的食器裏。然後，參加會盟的代表，依次以口微微
飲血，或用手指頭蘸血塗在嘴旁，叫"歃血為盟"。這個動
作，相當於在合同書上簽字。

不過，簽字可以同時，歃血卻有先有後。排在第一的，一般
都被認為是盟主，或盟主就該先歃。所以楚國的要求，晉國便
表示不能同意。晉國代表團說：我們是當然的盟主，沒有誰可
以在晉國之前先歃血。楚國代表團則說，你們自己聲稱貴我兩
國地位相等，那就應該輪流坐莊，憑甚麼每次都是晉國優先？

吵來吵去的結果，是晉國讓步。代表團內部，副團長叔
向又勸團長趙武：諸侯歸服的是德政，不是誰做主持人。歷
來諸侯會盟，都有小國來主持的。這次就讓楚國做一回晉的
小弟，又有何妨？

於是楚人先歃。[9]

不和平的世界和平大會，到此總算落下帷幕。但叔向的

說法，其實是自欺欺人。沒錯，小國做盟會主持人的事，是有的。但那指的是"執牛耳"，不是歃血。執牛耳和歃血，是一個程序中的兩個環節。第一步，是把牛的左耳割下來放在盤裏。這就叫"執牛耳"。做這件事的人，相當於司儀，所以多半由小國的大夫來做。盟主是不動手的，在旁邊看，叫"卑者執之，尊者蒞之"。[10] 然後，盟主取敦中之血先歃。盟主歃血後，才輪到其他人。

由此可見，同盟國地位的高低，不在盤中牛耳，而在敦裏的血。先歃血的，才是老大。所以，公元前 502 年，晉國和衛國會盟，衛靈公讓晉國大夫執牛耳，自己先歃血，結果便發生了肢體衝突。[11] 執牛耳，牛嗎？

看來，弭兵之會上，楚國是佔盡了上風。原因也很簡單，這時的楚國已成為南方強國，北方的晉國則開始走下坡路。強大的軍事力量，支持着楚國強悍的立場和強硬的態度。種種外交辭令，不過是華麗的面紗。

槍桿子裏面出政權，也出說法，甚至歪理。

實際上，所謂"世界和平大會"（弭兵之會），不過是大國的俱樂部。小國除了唯命是從，並沒有多少發言權。他們的代表，不要說捍衛國家的主權和尊嚴，就連保住自己的性命，都不容易。

比如叔孫豹。

硬漢叔孫豹

叔孫豹差點被殺。

魯國大夫叔孫豹，是一位傑出的外交家。他跟魯國執政季武子的分工，基本上是"叔出季處"，也就是叔孫豹管外交，季武子管內政；叔孫豹出使，季武子守國。所以，公元前546年的宋之盟，公元前541年的虢之會，叔孫豹都是魯國的首席代表。他的差點被殺，就發生在虢之會。

所謂虢之會，是五年前宋之盟（弭兵之會）的延續。因為會議地點在東虢（故城在今河南省鄭州市境內），故名。東虢原本是周文王弟弟虢叔的封國，後來被鄭國所滅，這會兒是鄭國的屬地。因此，楚國令尹子圍來開會，便先訪問鄭國，順便迎娶鄭國大夫公孫段的女兒，這才有了那場"兇險的婚禮"。

那麼，宋之盟後，為甚麼還要有虢之會？

表面上的理由，是重申世界和平；實際上的原因，是楚國要維持霸權，甚至是子圍要耀武揚威。所以在會前，楚國代表團便提出不再歃血。因為上次會議是楚人先歃，如果又來一次，則理應讓晉國先。如果不歃，則楚國仍是盟主。晉國代表團團長趙武再次讓步，整個會議波瀾不驚，完全變成了走過場。

大出風頭的是子圍。

子圍當然得意。五年前弭兵之會時，楚國的首席代表是屈建。一年後，康王和屈建相繼去世。康王的接班人懦弱無能，子圍便大權獨攬，玩弄國君於股掌之間。這次出國，更公然擺出楚王的儀仗，成為本次會議最遭熱議的花絮。各國代表指指點點，楚國副代表怎麼解釋都無濟於事。

然而就在楚人春風得意，各國議論紛紛，會議即將結束時，戰爭爆發了。

發動戰爭的是魯國的季武子。季武子事先不打招呼，突然襲擊了莒國的城市鄆（讀如運，在今山東省沂水縣），並據為己有，莒人則一狀告到了會上。莒國在歷史上，是一會兒依附於魯，一會兒依附於楚的。現在魯國欺負他，他當然要請楚國做主。楚國以盟主自居，也當然不能不管。何況這事還發生在世界和平大會期間，如果不聞不問，實在說不過去。

於是楚國代表團正式照會晉國：請同意誅殺魯國首席代表叔孫豹，以謝天下！

晉國，該如何表態？

很難很難。

誠如楚人所言，弭兵之盟還沒散會，魯國就發動戰爭，當然是對會議的公然挑釁，對誓言的公然背叛，對盟約的公然褻瀆。但，這事是季武子幹的，叔孫豹並不知情。殺叔孫豹，豈非冤枉？

晉國代表團團長趙武的助理，則趁機向叔孫豹索賄。這位助理派使者前去暗示，只要叔孫豹肯花錢，他可以代為說情。

當然，助理的話說得很委婉，他想要一根腰帶。

叔孫豹斷然拒絕。

生死未卜的叔孫豹說，我等參加盟會，是為了保家衛國。國家出了事情，總要有人頂罪。我如果靠賄賂而免於一死，他們無從洩憤，就只能進攻魯國了。這是給國家帶來災禍呀，怎麼能算是保衛？何況一個使節，奉君命而臨大事，代表的是自己的國家。國家出了事，花錢去私了，豈非化公為私？此例不可開，此風不可長。我叔孫豹寧願去死，也不行賄！

於是扯下一塊綢緞對使者說：我的腰帶太窄了，請拿這個回去交差吧！

趙武聽說，肅然起敬。

深受感動的趙武說：一個人，大禍臨頭卻不忘國家，這是忠心；面對災難卻不離職守，這是誠信；為了祖國而不惜犧牲，這是堅定。一事當前，首先想得到的是忠信堅貞，這是道義。這樣的人，難道也可以殺嗎？

當然不可以。

事實上，不但晉國代表團力保叔孫豹，就連楚人最後也網開一面。因為正如趙武所言，一個國家，如果所有的大臣都像叔孫豹一樣，在內不怕困難，在外不避艱險，那就固若金湯，無所畏懼。這一點，倒是不論大國小國的。[12]

所以，必須保住叔孫豹。

是的。保住叔孫豹，就是保住一種氣節，一種精神。有這種氣節和精神，就是男子漢大丈夫。漢子是會受到敬重的，哪怕他不是使者，甚至還是對方必欲置之死地而後快的敵人。

比如叔詹。

兩手都要

　　叔詹是晉文公重耳指名道姓要殺的人。

　　公元前 637 年，流亡國外的晉國公子重耳路過鄭國，遭到鄭文公傲慢無禮的對待。第二年，重耳在秦國軍隊的護送下回國，成為晉國國君，是為晉文公。六年後，也就是公元前 630 年，晉文公為報當年的一箭之仇，同時懲罰鄭國在晉楚城濮之戰中向着楚國，便聯合秦國伐鄭。聯軍來勢洶洶，兵臨城下。據說，晉國的軍隊甚至已經推倒了鄭都城牆上的矮牆。

　　這時，鄭人怎樣求饒都不管用。晉文公放出話來：把叔詹交給我，我就撤兵。

　　叔詹，怎麼就得罪晉文公了？

　　難道鄭文公的無禮，是叔詹的主意？

不。恰恰相反，叔詹力勸鄭文公善待重耳。只不過，當他再三規勸仍然無效時，叔詹提出：如果不能以禮相待，那就殺了他。因為叔詹早已斷定，公子重耳非同一般，遲早會繼承君位。到時候，他也一定會來報復。

事實證明，叔詹是對的。

不過，當年的鄭文公雖然鑄下大錯，這時的表現卻像條漢子。他拒不交出叔詹，甚至不把這事告訴叔詹。

叔詹卻挺身而出。

準備以身殉國的叔詹，隻身一人奔赴晉營。他說：以區區一人之身，可以換回百姓的生命、國家的安寧，這正是詹的願望。

晉人則架起一口大鍋，打算把他烹了。

叔詹說：請允許我把話說完再死！

晉文公說：你講！

叔詹說，皇天上帝降災於鄭，讓我鄭國大禍臨頭。今天這個局面，是下臣當年就預計到了的。下臣當年能夠尊敬賢明，防止禍患，這就是智。現在能夠殺身成仁，報效祖國，這就是忠。說完，叔詹走向那口大鍋，兩手緊緊抓住鼎耳，對著蒼天大聲呼喊：殺了我吧，殺了我吧！從今往後，以智慧和忠誠報效國家的，都跟我同樣下場！

晉文公立即站了起來。他下令釋放叔詹，並以最隆重的禮節送他回國。

　　回國以後的叔詹受人敬重自不待言，可惜事情卻並未因他的忠烈而告終。積怨難消的晉文公又提出，必須見到鄭文公，當面羞辱一番，才肯罷休。

　　如此城下之盟，簽則辱國，不簽則亡國。進退維谷，就需要外交官來斡旋了。

　　鄭國派出的外交官，叫燭之武。

　　燭之武是鄭文公親自請出山的，之前則似乎頗受冷落。所以，鄭文公去請他時，他的回答是：臣年輕的時候，尚且比不上別人。現在老都老了，又能怎麼樣？鄭文公則放下身段誠懇相邀：過去沒能重用先生，是寡人的過錯。但如果鄭國滅亡，於先生也有所不利吧？

　　於是燭之武趁着夜色潛入秦營，去見秦穆公。

　　燭之武的做法是對的。因為這個時候，做晉文公的工作已無濟於事，只能釜底抽薪，策反秦穆公。但，動之以情，沒用；曉之以理，也沒用。能夠說服秦穆公的，只有利害。

　　潛入秦營的燭之武，給穆公算了三筆賬。

　　第一筆賬，是滅亡鄭國，對秦有沒有好處。燭之武的結論是沒有。因為秦國和鄭國之間，隔着晉國。就算秦晉兩國瓜分鄭國，秦國得到的也是飛地。飛地是很難真正佔有的。最後的結果，勢必便宜了晉。晉國佔便宜，就是秦國吃大虧，還要搭上財力物力，興師動眾，何必呢？

　　第二筆賬，是保全鄭國有沒有好處。結論是有。因為秦在西，鄭在中原。秦國有事於諸侯，多半要借道鄭國東行。鄭國作為東道主，可以為秦國的行李往來，提供種種方便。東道主，就是東邊道路的主人；行李又叫行理或行人，即職業外交官。所謂"捨鄭以為東道主，行李之往來，供其乏困"，就是整個鄭國都成為秦的驛站和招待所，好處當然不小。

　　第三筆賬，是晉國和秦國的聯盟靠不靠得住。結論是靠不住。前車之鑒，便是晉惠公的背信棄義。何況晉國的野心，哪裏會有滿足？他現在揮戈向東，把鄭國當作囊中之物。如果得手，下一步就該向西擴張了。西邊除了秦國，還有誰能填飽他的肚子？因此，對於秦國來說，聯晉滅鄭是損己利人，甚至引狼入室。

　　最後，燭之武對穆公說：請君上三思！

　　秦穆公當然一聽就懂。他立即單方面與鄭國簽訂和平協議，還派出部隊給鄭國站崗放哨。晉國的大夫聞訊，請求攻擊秦軍，晉文公卻不同意。文公說，沒有秦國，寡人就沒有今天。受惠於人又反目為仇，這是不仁；失去盟國，再樹敵人，這是不智；放棄和諧，製造動亂，這是不武。我還是回去吧！

　　結果晉文公也撤兵。[13]

　　命懸一線的鄭國終於轉危為安，這是叔詹和燭之武，也是義和利的共同勝利。

如果戰敗

鄭文公應該慶幸，因為戰敗國的日子不好過。

事實上，三十三年後，鄭國就真正嚐到了戰敗的滋味，只不過這次的勝利者是楚人。公元前 597 年，也就是襄老戰死，知罃被俘的同一年，楚莊王因鄭國在楚晉之間搖擺不定，決定教訓一下這個"兩面派"。這年春天，楚軍包圍了鄭都。三個月後，鄭國最後一道防線被攻破。鄭襄公無路可走，只有投降。

投降是無條件的。作為戰敗國國君，襄公光着膀子牽着羊，遞交了投降書。投降書上說得很清楚，鄭國的土地、臣民和他自己，都任由楚國處分。如果楚君開恩不滅亡鄭國，鄭國也跟楚國的一個縣沒甚麼兩樣。

遞交了投降書，鄭襄公就等着發落。

很顯然，戰敗國不可能主宰自己的命運，他們的前途也有好幾種。最好的，是只要認輸認栽，勝利者就放他一馬，歃血為盟即可。其次，是雖然不滅亡這個國家，但要變成戰勝國的附庸。再差一些，是戰敗國的臣民被遷出祖國，到其他地方定居。更差的，是他們都成為奴隸，被當作苦力、貢品或商品。當然，他們也可能被整體擄往戰勝國，有如當年猶太人的"巴比倫之囚"。運氣不好的國君或儲君，則可能血濺禮器，屍橫祭壇，成為刀下之鬼。

這是有案可稽的。

比如蔡靈公。

蔡靈公原本是蔡景公的太子。公元前543年，蔡景公為太子娶妻於楚，然後又跟這兒媳婦私通。太子忍無可忍，殺了景公，繼位為君，是為靈公。不過蔡靈公被殺，卻不因為弒君，而在於對楚國不忠。他伺候的楚君，偏偏又是靈王。前面說過，謚號為靈的，都有問題，比如與夏姬偷情又被夏姬之子殺掉的陳靈公，因為吃王八起糾紛而被殺掉的夏姬的哥哥鄭靈公，派刺客暗殺大臣反被殺掉的晉靈公，做事不靠譜派宦官去向戰俘傳達命令的齊靈公。現在蔡靈公遇到了楚靈王，當然不靈，活該他倒霉。

公元前531年，也就是蔡靈公弒君之後十二年，此公被楚靈王騙到某地，灌醉後活捉，然後殺掉。與此同時，楚靈王派兵包圍蔡國，蔡國太子率領國人英勇抗戰，力不能支，城破被俘，楚靈王竟把他殺了祭祀社神。[14]

戰敗國命運之慘，可見一斑。

那麼，鄭襄公前途如何？

他的運氣不錯。因為這時的楚君，還不是靈王，而是莊王。莊王不但沒有採納某些人的建議滅亡鄭國，反倒退兵三十里，才跟鄭國簽訂和平條約。[15]

但，如果誰以為楚莊王是彌勒佛，那就大錯特錯了。也就在一年前，他藉口討伐夏姬的兒子而入陳，便決定把陳變成楚國的一個縣。事實上，如果不是楚國外交官的一席話，陳國沒準就滅了，後來的鄭國也不會有好下場。

這位楚國外交官，叫申叔時。

楚莊王進攻陳國的時候，申叔時正好出使齊國。使命完成後，照例要回國覆命。但申叔時述職完畢，便立即退下，甚麼都不再說。莊王奇怪，讓人叫住他問：寡人凱旋，眾人皆賀，只有你一言不發，甚麼意思？

申叔時問：可以陳述理由嗎？

莊王說：當然可以。

申叔時就說，一個人牽了牛去踐踏別人的田地，當然有罪。但如果把他的牛也沒收，懲罰就太重了。諸侯追隨大王，是要討伐亂臣賊子。如果順手牽羊,把陳國也變成楚縣,豈非貪小便宜?

莊王問:把陳國還給他們,可以嗎?

申叔時說:我們這幫小人平時就有句口頭禪,叫"還回去總比不還好"。

於是楚莊王讓陳復國。[16]

如此看來,當年的叔詹和燭之武,堪稱功莫大焉。事實上,沒有燭之武,秦國不會撤兵;沒有叔詹,晉國也不會罷手。不難想像,晉文公作出最後決策時,叔詹的影子一定在他眼前揮之不去。是的,政治也好,外交也好,戰爭也好,都是為了國家利益。因此,真起作用的,一定是利,秦穆公可以證明;但感人至深的,則一定是義,晉文公可以證明。

那麼,楚靈王之滅蔡呢?

沒人看好。事件發生前,晉國的政治家叔向,鄭國的政治家子產,就斷言蔡國必亡,楚靈王也不會有好下場。他們的意見也很一致:蔡靈公有罪,所以上天要藉楚人之手滅了他。楚靈王多行不義,所以上天要用滅亡蔡國來加重他的罪孽。這種觀點,很有點像西方人的說法:上帝要他滅亡,必先使其瘋狂。

周景王手下一位名叫萇弘的大夫,更是從星相學的角度作了解釋。萇弘說,蔡靈公弑君那年,歲星在營室。至今十三年，歲星又在營室。所以蔡靈公必遭報應。楚靈王弒君那年，歲星在大梁。兩年後，歲星又會在大梁。距離楚靈王弒君，也是十三年。所以兩年後，楚靈王必遭報應，蔡國則會起死回生。[17]

事實證明，叔向、子產和萇弘的預測都沒錯。公元前529 年，楚國內亂，靈王自殺，蔡人復國。一切都準時準點，分秒不差。[18]

奇怪！這世界上，難道真有天意？

山鬼是騎着豹子登場的。

那是一隻赤色的豹子，有着流線型的身材，輕巧而敏捷。

她披着薛荔，繫着女蘿，騎着赤豹站在峰頂，

遙望山下那幽靜的竹林，白雲一片片飄了下來。

赤豹的旁邊，是狸貓。

第六章

鬼神

人有病，天知否

　　占卜的結果出來後，所有人都哭了。

　　這是公元前 597 年的春天。楚莊王的軍隊圍困鄭國都城七天後，鄭人進行了占卜。他們先問：跟楚國講和，有可能嗎？徵兆顯示沒有。又問：在太廟裏哭，把戰車都開到街上準備巷戰，有可能嗎？回答是有。於是國人來到太廟號啕大哭，守城的戰士則在城牆上號啕大哭，一直哭得昏天黑地。

　　結果楚人退兵，留出時間讓鄭人修城。

　　當然，也可能是想招降。[1]

　　與此同時，晉國的大軍也浩浩蕩蕩地開了過來。他們是聽說鄭都被圍，聞訊趕來的。在晉楚兩國的爭霸鬥爭中，鄭是晉國的小兄弟。小弟捱打，老大豈能坐視不管？當然要出手。

為此，晉國軍方排出了一個豪華陣營。

請看名單——

中軍

正帥荀林父

副帥先縠（讀如湖）

大夫趙括、趙嬰齊

上軍

正帥士會

副帥郤克

大夫鞏朔、韓穿

下軍

正帥趙朔（趙氏孤兒趙武的父親）

副帥欒書（欒鍼的父親）

大夫荀首（知罃的父親）、趙同

全軍

司馬（軍法官）韓厥

我們知道，晉國號為三軍，實為六軍。因為三軍的統帥
和副帥，都各有一支部隊，每軍也各有兩個大夫，中軍統帥

則為元帥。也就是說，鄭都被圍時，晉國六軍齊發，在元帥荀林父的率領下前來救援。

鄭國卻投降了。

投降是必然的，因為扛不住。楚軍圍城三個月後，鄭都淪陷。襄公光着膀子牽着羊，遞交了投降書。楚莊王則退兵三十里，跟鄭國簽訂了和平條約。

晉軍得到這個消息，是在黃河邊。這時，前進還是後退，就成了一個問題。繼續前進是沒有意義的，也師出無名。鄭國降都降了，你還救甚麼救？退回去同樣不行。不但無法交差，這口氣也嚥不下。

箭在弦上，晉楚終於交手，這就是"邲之戰"。

邲之戰的過程複雜而混亂，結局卻很清楚，那就是楚軍大勝，晉軍大敗。沒失敗的，只有士會統帥的上軍；先撤退的，則是趙嬰齊指揮的部分中軍。因為他們事先都做好了戰敗的準備。潰不成軍的其他部隊，則在半夜三更黑燈瞎火地渡過黃河，吵吵嚷嚷整整一夜。荀首的兒子知罃也在戰爭中被俘。荀首只好又殺回去，射死夏姬的丈夫襄老，俘虜了楚國的王子，最後才換回兒子。[2]

這一回，晉人恐怕連哭都哭不出。

如此結局，應該不難預料。事實上，從一開始，晉軍六帥十二將，意見就有嚴重分歧。中軍副帥先縠，中軍大夫趙括，下軍大夫趙同，主張跟楚軍決一死戰；上軍統帥士會，下軍統帥趙朔，下軍副帥欒書，下軍大夫荀首，則認為應該避其鋒芒。荀林父是新上任的元帥，原本威望不高。此刻夾在兩派之間，更是舉棋不定，完全沒有了主張。

先縠卻不管三七二十一。先縠說，身為軍帥，卻像懦夫，諸位做得到，我做不到。晉國的霸權如果丟在我們手上，不如去死！

於是，自說自話帶了部隊就過河。

這就是盲動了。

盲動的結果是被動。先縠過河後，軍法官韓厥便對荀林父說：這支部隊單兵深入敵境，多半是有去無回。您老人家可是元帥。部隊不聽指揮，這是誰的罪過？更何況，無論丟失屬國，還是損兵折將，都是大罪。既然如此，不如進軍。就算兵敗，六個人來分擔罪責，也比您一個人扛着好。

晉軍這才全部過河，安營紮寨。

渡過黃河的晉軍將帥仍然爭論不休，中軍副帥先縠則一如既往地剛愎自用。上軍統帥士會和副帥郤克提出要加強戰備，先縠居然也反對。士會只好讓上軍大夫鞏朔和韓穿埋伏起來，中軍大夫趙嬰齊則悄悄地去準備撤退的船隻。最後，這兩支部隊總算得以保全。

好嘛！如此群龍無首，各自為政，盲目被動，找不着北，豈能不敗？

相反，楚人則好整以暇，莊王甚至一開始就不想打這一仗。後來取勝，也沒把晉軍往死裏打。本卷第三章所說楚軍教晉軍修理戰車，讓他們逃跑的故事，就發生在這場戰爭中。潰敗的晉軍夜裏渡河，莊王也沒讓人去趕盡殺絕。這跟他的伐鄭和善後，同樣頗為得體。所以士會說，莊王在德行、刑罰、政令、事務、典則和禮儀六個方面，都無可挑剔。如此穩如泰山，豈能不勝？[3]

那麼，所有這些，老天爺知道嗎？

有人說知道。六十年後有一個人說，邲之戰的結局，占卜已經預示過了。只不過，占卜是在城濮之戰，比邲之戰早了三十五年。當時占卜的徵兆，是楚勝晉敗，結果卻是晉勝楚敗。占卜是不會錯的。所以，邲之戰，楚國必勝無疑。

這實在奇怪。說這種怪話的人，又是誰呢？

蹶由。

遲到的應驗

蹶由是吳王夷末的弟弟。

說起來吳也是"文明古國"，其始祖是周文王的伯父，號稱"吳太伯"。可惜這文明古國在西周和東周，都悄無聲息，名不見經傳。直到春秋中期，吳國的國名才開始見於《春秋》，吳國的君主也才見於《左傳》，並且是在同一年。因為就在這一年，我們的一位老朋友來到了吳國。

這位老朋友，就是夏姬最後一任丈夫巫臣。

公元前 584 年，或前一年，早已成為晉國大夫的巫臣獲准出使吳國，見到了吳王壽夢，勸說他與晉國聯盟。目的，則是對付楚國。

巫臣反楚是必然的。一方面，楚是晉的死敵。從城濮之戰到鄢之戰，兩國交兵不斷。連帶着那些中等國家（比如鄭和宋）和小國（比如附楚的沈，附晉的江），也倒了霉。巫臣作為晉臣，當然要聯吳反楚。另一方面，此前楚國的大夫子重和子反，已經殺光了巫臣的族人，以及夏姬的前任情人（襄老之子）。子反殺人，是因為巫臣奪走了夏姬。子重殺人，則因為巫臣曾阻止他得到采邑。雙方結下的樑子，已不可解。血海深仇，更演繹出驚心動魄的歷史大戲。

巫臣使吳，是大戲的序幕。

決心復仇的巫臣帶去了三十輛戰車，還有駕駛員和狙擊手。他用這些戰車和戰士做教練車和教練員，教吳人行軍打仗，佈陣攻城。又讓自己的兒子擔任吳國的外交官，與中原各國建立廣泛的外交關係。有了軍事和外交這兩手，吳國開始伐楚，伐巢（今安徽省巢縣），伐徐（今安徽省泗縣），並佔領州來（今安徽省鳳台縣）。子重和子反則被打得顧首不顧尾，疲於奔命。[4]

吳國崛起了。

崛起的吳國成為楚的死敵。公元前 537 年，楚人聯合越國和東夷伐吳。由於防備不足，楚國的一支部隊被吳國打敗。於是吳王就派蹶由去勞軍。這在春秋，原本是貴族的禮儀。楚人卻蠻不講理地把蹶由抓起來，還要拿他去釁鼓。

這事做得太不像話。

　　不像話是肯定的。蹶由是吳王的弟弟，吳國的公子。彬彬有禮來勞軍，不能款待也就罷了，豈能把他抓起來？這次遭遇戰，吳人是勝利方，蹶由也不是戰俘，豈能殺他釁鼓？兩國交兵，不斬來使，這是國際慣例，也是起碼的道德禮儀和遊戲規則，豈能如此破壞？真真豈有此理！

　　不過這時的楚君是靈王。他不像話，也不足為奇。

　　蹶由被帶到了刑場。

　　楚靈王派人問他：你來之前，沒占卜嗎？

　　蹶由說：占卜了。吉！

　　這就奇怪。吉，為甚麼會成為刀下之鬼？

　　蹶由解釋說，寡君聽說偉大的君上您要在敝國進行軍事演習，便到太廟用龜甲進行占卜。寡君對鬼神說：下臣馬上就要派人去犒勞楚軍，藉此機會觀察一下楚王火氣的大小，以便做好我們的戰備，請神靈明示這事能否成功。龜甲顯示的徵兆是吉。事實也證明，我們已經成功。

　　這又奇怪！被殺，是成功？

　　當然也有解釋。

　　蹶由說，下臣這次出使貴國，君上如果春風滿面和藹可親地款待使臣，敝國一定會鬆一口氣。這樣一來，敝國就會放鬆警惕，忘記危險，忽視戰備，離亡國也就沒幾天了。現在君上怒氣衝天大發雷霆，不但虐待使臣，還要以臣釁鼓，敝國也就知道不能刀槍入庫馬放南山。敝國雖然弱小，但如果準備充足，也還可以與貴軍周旋。關鍵，是有備無患。總之，無論君上如何對待使臣，敝國都能知道該怎麼辦。戰爭也好，和平也好，都有思想準備，當然吉。

接下來，蹶由又說：更何況，敝國寡德之君在太廟占卜，是為了國家人民江山社稷，哪裏是為使臣一人？臣命不足惜，請君上儘管拿去釁鼓。如果臣以小命一條，能夠換來國家安全，相比之下，請問哪個更吉利？

楚靈王無話可說，只好不殺蹶由，但也不放。直到魯昭公十九年，蹶由才被釋放回國。那時他已被囚禁十四年，楚君也不再是靈王，而是平王。

值得注意的，是蹶由最後一段話。

蹶由是這樣說的：既然有龜甲，又有甚麼事情不能拿來占卜？占卜的結果，無非是吉，或者凶。有吉就有凶，有凶就有吉，誰能肯定凶或吉就一定落在某件事上？比如貴國在城濮占卜到的吉，不是後來才應驗在邲之戰嗎？[5]

這話值得商榷。

從邏輯上講，所謂"城濮之兆，其報在邲"的說法如果成立，那就意味着每次占卜的徵兆未必立即兌現。這當然也未嘗不可。問題是，如果兌現或應驗都是遲到的，或不準時的，甚至說不清甚麼時候才對得上的，那麼請問，我們還要占卜幹甚麼？要知道，每次占卜，都要有"命辭"，相當於算命先生問你"算甚麼"。總不能說我問這筆生意能不能成，要等到二十年後下筆生意才應驗吧？

由此想到的問題是：周人對於鬼神、宿命、天意，以及占卜、巫術、祭祀等等，到底是信還是不信？

這可是關係到我們民族文化心理的問題，不能不問。

信不信由你

周人對於鬼神，似乎是也信也不信。

跟殷商一樣，周人也有祭祀和占卜，而且很重要。但凡國有大事，包括諸侯和大夫有大事，比如打仗、結盟、婚配、立儲，都要占卜，也要祭祀。這兩件事，目的並不相同。占卜是問，祭祀是求。或者説，占卜是向鬼神請求指示，判斷凶吉；祭祀則是向鬼神彙報工作，祈求福佑。分工不同，重要性則如一。[6]

因此，從天子到諸侯，王室和公室裏都有負責跟鬼神打交道的專職人員，分別叫祝、宗、卜、史，他們的首長則叫太祝、太宗、卜正、太史。祝的任務是代表祭祀者向鬼神致辭，因此特別要知道鬼神的故事和脾氣。宗的任務是管理祭祀的程序，以及祭祀的場所和器物。也就是說，祝和宗，是負責祭祀的。

負責占卜的，則是卜和史。卜，又分兩種。一種是用龜甲，也叫"龜"或"卜"。另一種是用蓍草，叫"筮"。記錄筮法的書，就叫《周易》。龜和筮，可能由兩個人分別負責，也可能由一個人包乾。占卜的結果，由史記錄在案。當然，史不但敬鬼神，更要管人事。後來，就變成專業歷史學家。[7]

總之這些人，都是當時的高級知識分子和專業人才，也是王侯們的智囊團。

但，智囊而已。

事實上，祝宗卜史，都是技術官僚，是事務官而非政務官，更不是政治家。因此他們的意見，往往只是"參考消息"。王侯們則也許聽也許不聽，可能聽可能不聽。如果占卜的結果不能讓他們滿意，還會要求重來。

比如晉獻公。

晉獻公的故事前面已經講過，他是因為寵愛驪姬而跟申生、重耳、夷吾三個兒子都翻臉的。他想立驪姬為君夫人（國君正妻），照例要占卜。先用龜甲，結果是不吉。再用蓍草，結果是吉。卜人說，筮短龜長。龜是動物，蓍草是植物。動物比植物更有靈性，所以龜卜的徵兆更靠譜。獻公根本不聽。[8]

　　事實上周人的占卜，往往只是一種儀式，或者心理暗示。拿主意，恐怕並不真靠這個。公元前 525 年，吳伐楚。楚國的令尹占卜戰爭的結果，不吉。楚軍司馬公子魴（讀如房）說，我們地處長江上游，怎麼會不吉利？再說了，占卜戰爭，慣例是司馬發表命辭。我要求重來。

　　於是重來。

　　公子魴便對鬼神發表命辭：魴率領親兵以必死的決心打頭陣，楚國國軍跟着上去，希望大獲全勝，行嗎？

　　徵兆是：吉。

　　於是公子魴帶兵衝鋒陷陣，果然戰死。楚軍也果然勝利，還繳獲了吳國一條大船。這條大船是那樣的重要，以至於公子光（也就是後來的吳王闔閭，夫差的父親）拼死拼活也要把它奪回去。[9]

　　史書沒有記載負責本次占卜的人是誰，可見其人並不重要。實際上，只有那些被視為預言家的，才可能載入史冊，比如預測到秦穆公必定活捉晉惠公的秦卜徒父。[10] 至於那些屢屢言中的"名卜"，則更會名垂青史。

　　比如卜偃。

　　卜偃是晉國的卜官。他最牛的預言，是畢萬的後代非比尋常。畢萬原本是晉獻公的車右。因為有功，被封在魏，升級為大夫。卜偃馬上說：萬，是大數；魏（通巍），是大名。

初次封賞就如此崇高，這是上天在暗示了！天子的子民，叫
"兆民"。諸侯的子民，叫"萬民"。畢萬的子孫，將被萬民
擁戴啊！[11]

這話其實已經說得很明白了，而且也沒有錯。畢萬的
子孫，後來不但成為諸侯，還成為國王。他們的國家，就叫
"魏"。

牛！這樣的預言，實在是牛。所以卜偃的身影，便頻繁
出現在《左傳》。

還有裨竈（讀如皮灶）。

裨竈是鄭國的預言家，曾經成功地預測了周靈王、楚康
王和晉平公的死亡，以及陳國的復國和滅亡。他甚至能說出
準確的時間，比如晉平公將死在七月戊子，陳國將在五年後
復封，然後再過五十二年徹底滅亡。依據，則主要是星相學。
看來此人懂天文，通五行，還會巫術。因此，公元前 525 年，
他在預言了宋、衛、陳、鄭四國的火災後，便告訴鄭國大政
治家子產，他有辦法消災。

子產卻不理他。

第二年五月，裨竈的預言兌現，宋、衛、陳、鄭，果然
在同一天發生火災。

裨竈便對子產說：不聽我的，還會着火。

子產還是不聽。

有趣的是，火災也沒再發生。[12]

這就說不清裨竈是靈還是不靈。但這並不要緊，重要的是子產的一段話。正是這段話，讓我們對周人甚至華夏民族的鬼神觀念，有了一個清楚的認識。

那麼，子產說了甚麼？

神就是人

　　子產説：天道遠，人道邇，非所及也，何以知之？

　　甚麼叫"天道遠，人道邇"？就是人間事近在眼前，老天
爺遠在天邊。自然界的規律、法則、變故、奧秘，跟我們十
萬八千里，根本就夠不着，也不相干（非所及也）。那麼，你
怎麼可能由天道而知人道，由天象而知人事（何以知之）？至
於裨竈的預測為甚麼會精準，子產的説法是：這人不過話説
得多，當然總會有碰巧説中的，其實哪裏知道甚麼天道？[13]

　　嘿嘿，他根本就不信。

　　子產不信裨竈，也不信其他神神叨叨。第二年，鄭國發
生水災，國人報告説有龍在城門外的水潭裏打架，要求進行
祭祀。子產説，我們打仗，龍並不看。那麼龍打架，我們為

甚麼要去看？我們無求於龍，龍也無求於我。水潭，原本就
是龍的。牠們在自己的地盤裏打，儘管隨牠去！[14]

　　但，前一年的火災，子產卻是進行了祭祀的。他祭祀了
水神玄冥和火神回祿，遷走了太廟裏的神主和大龜，後來還
大建土地神廟，這又是為甚麼？

　　安定人心。

　　人心是重要的。四國大火齊發，難免人心惶惶。這個時
候，不去討論鬼神是否存在，先用來撫慰人心再説，便相當
於現在的“心理治療”。但更重要的，還是務實。實際上當
時子產所做的工作，主要是控制局面和災後重建，包括派府
人（國庫管理員）和庫人（兵庫管理員）看守倉庫，司馬（軍
法官）和司寇（刑法官）實施救火。子產還讓人記錄被燒毀的
房屋，減免受災群眾的賦稅，並發給他們蓋房子的材料。與
此同時，他還立即派出外交官向各國通報災情，下令在全國
哀悼日期間，市場停止交易三天。

　　所有這些，都表現出務實精神和人文關懷。這才是更重
要的。像陳國那樣不救火，許國那樣不恤民，輿論便認為他
們遲早要滅亡。[15]

　　神重要，還是人重要？

　　人重要。不要忘記，周人的核心思想和主流觀念，是“以
人為本”。[16]

因此，神就是人。

是這樣嗎？

是。

華人的鬼神世界和崇拜系統，東漢前後不一樣。東漢時，佛教傳入中國，道教悄然興起，中國便多出兩個崇拜對象，這就是佛和仙。佛原本是人。只不過悟得無上正等正覺，先自覺，後覺他，最後覺行圓滿，便由人變成了佛，叫"立地成佛"。仙也原本是人。只不過服了某種丹藥，或有了某種法術，可以騰雲駕霧，長生不老，便由人變成了仙，叫"肉體成仙"。而且，成仙者還可以帶上七大姑八大姨和阿貓阿狗，叫"一人得道，雞犬升天"。

總之，佛和仙，都是人。這兩個字，也都是單人旁。

那麼，東漢以前呢？

東漢前的祭祀對象和崇拜對象，主要有三種：天神、地祇（讀如其）、人鬼。天神是天上的，比如風神、雨神、太陽神。地祇是地上的，比如山神、河神、土地神。人鬼則是死人。人死為鬼。祖宗和烈士，都是人鬼。稱之為鬼，不帶貶義，也不是褻瀆。

那麼，天神和地祇，是人還是神？

人。只不過，是有大功德、大貢獻、大作為於人類社會或國家民族的。這些功德和貢獻，包括五項指標：為民立法，以身殉職，以勞定國，抗禦天災，平息禍亂。一個人，只要達到了其中一項，死了以後就不是鬼，而是神。

比如后土和后稷。

后土和后稷，是華夏民族最重要的神。后土就是土地神。他的祭壇，叫社。后稷則是谷神。他的祭壇，叫稷。社和稷連起來，叫社稷。社稷和宗廟，是一個國家最重要的建築物，甚至是國家政權的代名詞。

然而社神與稷神，也原本都是人。稷神是兩個人，一個是炎帝的兒子柱，另一個是周人的先祖棄。他倆的貢獻，是發展了農業，所以是谷神。社神則是共工的兒子句龍，曾擔任黃帝的國土資源部部長（后土），所以是土地神。[17]

其實就連最高天神上帝，也一樣。比如商人的上帝，就是他們的祖先帝嚳；楚人的上帝，則是他們的祖先祝融。只不過，商人的叫上帝，楚人的叫上皇，也就是《九歌》中的東皇太一。

顯然，我們民族的鬼神世界中，沒有創世神，只有"創業神"。家大業大功勞大，這才福大命大造化大。但，功德、貢獻、作為，必須足夠大。不夠大，則仍然是鬼。大人物死了是"大鬼"，名人死了是"名鬼"。

鬼神既然原本是人，則鬼神的世界跟人類社會一樣，也有部落和國家，而且是天人對應的。不同的部落和國家，有不同的上帝和鬼神。不是一家人，就不拜一家神，叫"神不歆非類，民不祀非族"。[18] 也就是說，你有事，要占卜或祭祀，必須面對自家的鬼神。否則，神不受理。

同樣，既然神的世界就是人的世界，那麼，神的心靈就是人的心靈，神的願望就是人的願望，神的夢想就是人的夢想，神的愛情也就是人的愛情。

比如山鬼。

山鬼與女巫

山鬼是騎着豹子登場的。

那是一頭赤色的豹子，有着流線型的身材，輕巧而敏捷。騎着赤豹的山鬼站在峰頂，遙望山下那幽靜的竹林，白雲飄然而下。赤豹的旁邊，是狸貓。

囉，這是甚麼神？

山神。

是的，山鬼就是山神。在楚人那裏，鬼和神並沒有嚴格的區分。只不過，這位山神是女神，而且是性愛女神。有人甚至說，她就是巫山神女。[19] 因此她在屈原的筆下，就顯得十分迷人和性感——

若有人兮山之阿，

被薜荔兮帶女羅。

既含睇兮又宜笑，

子慕予兮善窈窕。

山之阿（讀如婀），就是山凹；被（讀如披），就是披；
薜荔（讀如畢利）和女羅（即女蘿），都是蔓生植物；含睇（讀
如第），即含情脈脈，微微斜視；窈窕，是美好的樣子。因
此這四句歌詞，也可以這樣翻譯——

有個人兒呀，

在那山窩窩；

肩上披着薜荔，

腰上繫着女蘿。

含情脈脈，

微微笑着。

這樣好看的樣子，

是因為你愛我。

確實性感，尤其是還有豹子。

豹子也可能是駕車的，因為還有車。車身是辛夷木，旗

幟是桂花樹，車裏裝着石蘭和杜衡。這些香花野草，是要送給心上人的。

那麼，心上人是誰？

不清楚，也不必清楚，因為這不是情歌，而是神曲。實際上，《楚辭‧九歌》十一篇，原本都是沅湘流域人民祭祀時，唱給神聽的。其中，《東皇太一》祭祀上帝，《雲中君》祭祀雲神，《大司命》祭祀生命之神，《少司命》祭祀生育之神，《東君》祭祀太陽神。這些是天神。《湘君》和《湘夫人》祭祀湘水之神，《河伯》祭祀黃河之神，《山鬼》祭祀巫山神女。這些是地祇。《國殤》祭祀陣亡將士，這是人鬼。天神、地祇、人鬼，全都有。至於《禮魂》，是送神曲。[19]

送神曲非常簡短，而且一片歡樂祥和——

祭禮已成啊敲鑼打鼓，
擊鼓傳花啊載歌載舞。
此起彼伏啊男巫女巫，
亮麗歌喉啊從容步武，
春蘭秋菊啊千秋萬古！

都說請神容易送神難。現在看，倒像是反的。

負責請神和送神的，是巫覡（讀如惜）。巫就是女巫，覡則是男巫。巫和舞,是相通的。巫者就是舞者,也是歌者,他們是祭祀舞台上的中心。

實際上,所謂"巫",原本就是"女能事無形以舞降神者也"。[20] 所以女巫就是女舞,巫女也就是舞女。他們的歌舞,則不僅為了頌神和娛神,更是為了通神。古人認為,巫覡是人神之間的媒介。天神、地祇、人鬼有話要說,就通過巫覡發言,叫"顯靈"。人有事情要請神指點或幫助,也通過巫覡表達,叫"通靈"。因此,在祭祀或巫術的儀式上,巫覡既是巫,也是神,叫"為神而亦為巫,一身而二任",[21] 頗有些"又做師婆又做鬼,吃了原告吃被告"的意思。

巫覡既然有這樣一種任務,那麼,他們當中至少得有人穿着神的衣服,扮着神的模樣,做着神的動作,講着神的語言,表現着神的情緒,叫"靈保"。[22] 這可能是最古老的神職人員和表演藝術家。他們是巫術的,也是藝術的。因為只有表演得逼真,人們才會相信他們真是神靈附體。反過來,也只有當真認為自己能夠通神,才能逼真。到最後,可能連自己都弄不清是在表演還是玩真的。

楚人《九歌》的魅力,正在於此。

明白了這一點,就不難理解《山鬼》。這一曲歌舞,是女巫表演的。她們要祈求的,則是愛情。既然是愛情,那就既有相愛也有失戀,因此既有含情脈脈的凝視、耐心守候的期盼，也有"東風飄兮神靈雨"、"風颯颯兮木蕭蕭"、"怨公子兮悵忘歸，君思我兮不得閒"。至於是誰愛誰，誰失戀，都不重要，因為這是在為一切有情人祈福。

同樣，我們也不必拘泥於詩句本身，硬要弄清楚哪部分是山鬼的，哪部分是女巫的，因為她原本"一身而二任"。要緊的，是體會。

其他篇章，也如此。

那是一些怎樣的形象和場面！雲中君華采若英，靈動飛揚，"與日月兮齊光"；大司命神秘威嚴，高傲冷峻，"眾莫知兮余所為"；少司命辣劍擁艾，荷衣蕙帶，"入不言兮出不辭，乘回風兮載雲旗"；太陽神東君英武豪邁，瀟灑多情，"舉長矢兮射天狼"，"援北斗兮酌桂漿"。[23]

噫！以北斗七星為勺痛飲桂花酒，這是甚麼樣的神靈，這是甚麼樣的形象！

還有《湘夫人》——

帝子降兮北渚，
目眇眇兮愁予。
裊裊兮秋風，
洞庭波兮木葉下。[24]

是的，天帝的公主就要降臨江中的小洲。望眼欲穿，怎麼能不讓我憂愁。可是她若隱若現，時有時無。放眼望去，但只見秋風吹拂之下，洞庭湖微微泛起波浪，樹葉兒一片片輕輕飄了下來。

這，還是巫術嗎？

當然還是。

但，更是藝術，就像希臘人的宗教。

因此我們無信仰

跟中國一樣，希臘也有巫術。

希臘的巫師跟楚國的巫覡息息相通。他們也是人神之間的媒介，同樣可以通靈。因此，他們被叫作"神的着魔者"（entheos）。被神靈附體，則叫作"神性的着魔"（enthousiasmos）。這時，男巫和女巫都會陷入一種迷狂的狀態。那些崇拜狄俄尼索斯的女巫，還會一邊如醉如癡地舞蹈，一邊奔跑着翻山越嶺。當然，男巫和女巫在着魔時也會載歌載舞唸唸有詞。這些詞句被認為是"神賜的真理"，這種神靈的感動則叫"靈感"(inspiration)。[25]

藝術創作要有靈感，起源就在這裏。

因此，當希臘人把他們的巫術變成宗教時，便順理成章地把宗教變成了藝術。

希臘的宗教是藝術，早已為黑格爾所揭示。事實上，希臘的神就是人，只不過比一般人更高大，更完美，更健康，更有力量，而且永遠不死。其他方面，則與人無異。所以，當一個希臘人路遇俊男靚女時，他可能會停下腳步，羨慕而恭敬地問對方：你是不是神？[26]

神在希臘，是最高的美。[27]

但請注意，與人相比，希臘的神，也只是更加漂亮而已。這種漂亮是純粹的美，與道德無關。相反，希臘的神幾乎是"無惡不作"的。許多人間悲劇，就來自神的意氣用事和胡作非為。所以，希臘人從來就不把他們的神看作道德楷模。相反，他們對於神的無法無天和不負責任，很可能憤憤不平。

比如阿喀琉斯。

阿喀琉斯是在好友戰死後，才真正投入特洛伊戰爭的。為了替好友復仇，他殺死了特洛伊王子赫克托耳，並發誓要將赫克托耳的屍體拿去餵野狗。赫克托耳的父親到軍營來求他，請他敬畏神，阿喀琉斯卻不以為然。他的說法是：那些神為人類規定了命運，自己卻優哉遊哉！

當然，阿喀琉斯最後還是答應了老人的請求，並停止攻城十一天，以便特洛伊人有足夠的時間安葬赫克托耳。但這與敬畏神無關，而是被老年喪子的特洛伊國王所感動，並想起了自己年邁的父親。中國人的"不看僧面看佛面"，在希臘人這裏是不管用的。他們不看佛面，只看僧面。

我們則又是一種風采。

周人崇拜的神，炎帝、黃帝、顓頊、帝嚳、堯、舜、禹、湯、文王、武王，漂亮不漂亮不知道，道德高尚則毋庸置疑，或不許質疑。就連那些自然神，也要有貢獻和功德。比如天上三光，是可以瞻仰的；地上五行，是賴以生存的；名山大川，是出產財物的。中看不中用的，誰會把他當神？[28]

天神和地祇有功，人鬼有德，都不必漂亮。

神在中華，是最高的善。

有功有德的神祇們是周天下的"紀律檢查委員會"。周王國一位名叫過的史官說：神祇降臨人間，一般是在兩種時候。一是這個國家將要興盛，二是這個國家將要滅亡。前一種時候，神要來看一看他們有多高尚；後一種時候，神要來看一看他們有多邪惡。虢公國一位名叫囂（讀如銀）的史官則說：一個國家如果將要興盛，就聽人民的；將要滅亡，就聽神祇的。因為神，既聰明，又正直，還專一。人想要怎麼樣，他就幫你怎麼樣。如果你存心要失敗，神一定讓你去死。[29]

史嚚的話，很有意思。

按照史嚚的説法，人類的命運並不是神決定的。恰恰相反，神的決策反倒是人決定的。人要學好，神讓你步步高升；人要學壞，神讓你萬劫不復。神能夠起到的作用，是給你一個加速度，加快你的興盛或滅亡。如此而已。

這樣的鬼神崇拜，難道也能叫宗教，叫信仰？

當然不能。

那該怎麼説？

有鬼神無宗教，有崇教無信仰。

這就是華夏民族的文化特點。其中略有差異的，也無非是南北不同。簡單地説，就是北方更主張把鬼神崇拜變成倫理道德，南方則更願意變成藝術審美。但不要信仰，則南北如一。唯其如此，歷史上在漢民族中影響最大的宗教，便是最不像宗教的佛教和道教。佛教講覺悟，道教講成仙，也都不是信仰。

可以跟我們相呼應的，是希臘。

把宗教變成藝術的希臘人，實質上也是沒有信仰的。由此帶來的好處，是早早地就建立了人本精神；由此帶來的麻煩，則是核心價值觀很難恆定。[30] 由是之故，希臘文明終於隕落。希臘的人本精神，以及他們的科學和民主，也要暫時墜入深淵，然後才能通過文藝復興而得到弘揚。但從此，便牢不可破。

　　這個問題，我們同樣存在。

　　我們的人本精神也是早熟的。因此，如何保證觀念的恆定和社會的穩定，就煞費了先賢們的苦心。周公他們的辦法，是建立了井田、宗法、封建和禮樂四大制度，由此維持了數百年的太平。但從春秋開始，禮壞樂崩。井田制和封建制崩潰，人心不古，道德淪喪，社會陷入長時間的動盪。於是，從春秋到戰國，就成了中華史上異彩紛呈的另一種華彩樂章。

年輕就是好

記得當年讀《詩經》，最打動我的不是《關雎》，而是
《漢廣》——

　　南方有嘉木，
　　可是靠不上；
　　漢水有女神，
　　可是追不上。

　　漢水是那樣寬廣，
　　我真是沒有希望；
　　長江是那樣綿長，
　　我真是沒有方向。

　　我喜歡這詩，因為我也失戀了。

　　那會兒，我在新疆生產建設兵團的軍墾農場當農工。住的是乾打壘，吃的是玉米麵，幹的是體力活。農場沒甚麼娛樂活動，電視和電腦更是聞所未聞。幸好奔赴邊疆時，隨身還帶了幾本書。遇到難得的農閒，便翻譯《詩經》和《楚辭》打發日子。到現在，也還能回憶起當時的譯文，比如《有狐》——

狐狸找對象，
在那石樑上。
讓人心疼的窮小子呀，
可憐他沒有衣裳。

還有《月出》——

月亮出來皎皎的，
姑娘容貌嬌嬌的，
姑娘身段高高的，
我的情思悄悄的。

　　當然，這都是做夢。沒甚麼姑娘像《草原之夜》說的那樣"來伴我的琴聲"，更不會像《敖包相會》唱的那樣"自己跑過來"。碰釘子的事，倒是有的。

奇怪！苦哈哈的，還有這念頭？

有，因為年輕。

在我們這個世界上，沒有比年輕更好的了。一個人再有權，再有錢，再有地位，都買不來換不來年輕。年輕，就可以胡思亂想；年輕，就可以個性張狂；年輕，就可以不管不顧；年輕，就可以神采飛揚。年輕人是有特權的，因為他少不更事，因為他血氣方剛，因為他來日方長。

人類也一樣。

是的，每一個古老的文明和民族，都有自己的童年和少年，也有自己的初戀和失戀。阿爾塔米拉的洞穴壁畫，紅山文化遺址的女神雕塑，斯通亨奇的環狀列石，復活節島的巨石人像，表現着人類童年的純真；古埃及的金字塔，巴比倫的占星術，古印度的阿修羅，古羅馬的萬神殿，還有古希臘的荷馬史詩和奧林匹克，我們的《詩經》和《楚辭》，以及共同擁有的英雄好鬥和少女多情，則表現出少年的飛揚跋扈和天真爛漫，異想天開和膽大妄為，甚至不知天高地厚。沒錯，青少年時代的世界各民族都一樣，臉上長着青春痘，身上流着孩童血。

是的，那時年少。

這是事實，也是歷史，問題是怎麼看。

馬克思在談到希臘藝術時說過，一個成年人並不可能再變成兒童。但，兒童的天真不讓他感到愉快嗎？他不該在一個更高的階梯上，把自己的真實再現出來嗎？一個民族的固有性格，不是在他兒童的天性中，在每一個時代都純真地復活着嗎？為甚麼歷史上的人類童年時代，在它發展得最完美的地方，不該作為永不復返的階段，顯示出永久的魅力呢？

當然應該。

從西周、東周到春秋，就是我們民族的"少年時代"。那時的人，是有着真性情、真血氣的，因此有情有義，敢愛敢恨。這才有殺身成仁的刺客，追求真愛的情人，義無反顧的戰士，忠貞不二的臣子，力挽狂瀾的使節，以及人情味十足的鬼神。他們集體地表現出一個民族"發展得最完美地方"之永久的魅力。

因此，如果說本中華史第三卷《奠基者》描述了我們民族的"身子骨"，那麼，本卷要展示的就是"精氣神"。那些少年心氣，那些男生女生，那些花花草草，那些磕磕碰碰，都無不透出青春氣息，濕漉漉地撲面而來，讓我們無限嚮往，讓我們過目不忘。

請在這裏多停留一會吧！

前面的路，將風高浪急，險象環生。

註　釋

總註

本卷涉及之史實，均請參看《左傳》、《國語》、《戰國策》和《史記》。

第一章

1. 豫讓刺殺趙襄子的故事，見《戰國策·趙策一》、《史記·刺客列傳》。

2. 知氏的知，讀如智。所以"知伯"也寫作"智伯"。《史記》之《趙世家》為"知伯"；《刺客列傳》作"智伯"。智伯名瑤，謚號"智襄子"。

3. 《韓非子》和《呂氏春秋》持此説。

4. 趙氏家族的始祖是趙夙，然後依次是共孟、趙衰（趙成子）、趙盾（趙宣子）、趙朔（趙莊子）、趙武（趙文子，亦即"趙氏孤兒"）、景叔、趙鞅（趙簡子）、趙毋恤（趙襄子）。趙襄子去世後，他的弟弟驅逐襄子指定的接班人，自立為家君，這就是趙桓子。桓子即位一年後去世。國人認為桓子的得位不符合襄子遺願，便殺了桓子的兒子，立襄子指定的趙浣為君，是為"獻侯"。此事在本中華史第二卷《國家》第三章曾經提到。

5.　鉏是多音字，也是鋤的異體字。用於國名，讀如徐；用於"鉏鋙"（齟齬），讀如舉；用於姓氏，讀如除。麑，讀如尼或迷。鉏麑刺殺趙盾，以及相關史實，《左傳》、《國語》、《公羊傳》、《呂氏春秋》、《史記》之《晉世家》和《趙世家》均有記載，本書的描述整合了諸家所説。

6.　晉是周代最早的封國之一，始封之君是武王的幼子，成王的弟弟唐叔虞。晉君從西周起一路嫡傳，都稱"侯"，最後一代叫"晉侯緡"。晉侯緡以後，嫡系被滅，取而代之的是曲沃的旁支，始祖叫"武公"。以後晉君都稱"公"，依次為武公、獻公、惠公、懷公、文公、襄公、靈公……，最後一代叫靜公（公元前 376 年被廢）。靈是"惡謚"。歷史上謚為"靈"的，多半"不靈"。

7.　卿，是古代天子或諸侯所屬之高級輔佐，有上中下三等。位類上卿而執政者，叫"正卿"，也叫"冢卿"。

8.　這句話的原文是"To be or not to be"，歷來有各種譯法。朱生豪先生的譯文是"生存還是毀滅，這是一個值得思考的問題"。

9.　荊軻事跡，見《史記・刺客列傳》。

10.　聶政事跡，見《史記・刺客列傳》。

11.　索福克勒斯完成《安提戈涅》，是在公元前 442 年（一説前 441 年）；聶政刺韓，是在公元前 397 年（韓烈侯三年）。所以索福克勒斯和聶榮可算同時代人。鉏麑自殺，是在公元前 607 年（晉靈公十四年）。所以與聶榮、安提戈涅相距二百多年。

第二章

1.　夏姬之事及相關人物據《左傳》之宣公九年、十年、十一年、十二年，成公二年、七年，昭公二十八年。

2.　《詩經・鄭風・蘀兮》："蘀兮蘀兮，風其吹女。叔兮伯兮，倡予和女。"

3. 《詩經·鄭風·褰裳》：“子惠思我，褰裳涉溱。子不我思，豈無他人。狂童之狂也且。”

4. 《詩經·鄭風·子衿》：“青青子衿，悠悠我心。縱我不往，子寧不嗣音？青青子佩，悠悠我思。縱我不往，子寧不來？”

5. 《國風·鄭風·狡童》：“彼狡童兮，不與我言兮。維子之故，使我不能餐兮。彼狡童兮，不與我食兮。維子之故，使我不能息兮。”

6. 《國風·鄭風·東門之墠》：“東門之墠，茹藘在阪。其室則邇，其人甚遠。”

7. 《國風·唐風·有杕之杜》：“有杕之杜，生於道左。彼君子兮，噬肯適我？”

8. 《詩經·邶風·靜女》：“靜女其姝，俟我於城隅。愛而不見，搔首踟躕。靜女其孌，貽我彤管。彤管有煒，說懌女美。自牧歸荑，洵美且異。匪女之為美，美人之貽。”

9. 《詩經·召南·摽有梅》：“摽有梅，其實七兮。求我庶士，迨其吉兮。摽有梅，其實三兮。求我庶士，迨其今兮。摽有梅，頃筐塈之。求我庶士，迨其謂之！”

10. 《國風·王風·大車》：“大車檻檻，毳衣如菼。豈不爾思？畏子不敢。大車啍啍，毳衣如璊。豈不爾思？畏子不奔。穀則異室，死則同穴。謂予不信，有如皦日！”

11. 《詩經·邶風·柏舟》：“泛彼柏舟，亦泛其流。耿耿不寐，如有隱憂。微我無酒，以敖以游。我心匪鑒，不可以茹。亦有兄弟，不可以據。薄言往愬，逢彼之怒。我心匪石，不可轉也。我心匪席，不可捲也。威儀棣棣，不可選也。憂心悄悄，慍於群小。覯閔既多，受侮不少。靜言思之，寤辟有摽。日居月諸，胡迭而微？心之憂矣，如匪浣衣。靜言思之，不能奮飛。”

12. 《國風·召南·野有死麕》：“舒而脫脫兮！無感我帨兮！無使尨也吠！”

13. 《詩經·齊風·雞鳴》：“‘雞既鳴矣，朝既盈矣。’‘匪雞則鳴，蒼蠅之聲。’‘東方明矣，朝既昌矣。’‘匪東方則明，月出之光。’”

14. 見恩格斯《家庭、所有制和國家的起源》及其註。

15. 見《詩經・鄭風・出其東門》、《詩經・陳風・東門之池》。

16. 原因請參看《左傳・宣公十年》杜預註。

17. 夏姬被帶到楚國，是在魯宣公十一年（公元前 598 年）；襄老戰死在鄭國，是在魯宣公十二年（公元前 597 年）；夏姬和巫臣私奔到晉，是在魯成公二年（公元前 589 年）。

18. 春秋時期的性關係，遠不像後世那樣嚴謹。有人跟庶母偷情，有人搶兒媳婦和弟媳婦，有人做換妻遊戲，有人甘願戴綠帽子，還有兄弟姐妹亂倫。這些事《左傳》都有記載，可參看劉達臨《中國古代性文化》。

19. 請參看約翰・德林瓦特主編《世界文學史》，北京大學出版社 2011 年版。

第三章

1. 知罃被俘，是在魯宣公十二年（公元前 597 年）夏；被釋放，則在魯成公三年（公元前 588 年）夏。

2. 當時的制度，是將士出征之前，先要祭祀社神，叫"祭社"。祭祀用的肉和酒要分給大家，叫"受脤"。同時要用血塗抹軍鼓，叫"衈鼓"。衈鼓的血，往往用戰俘的，而且最好是等級高貴的戰俘。知罃所謂"執事不以臣衈鼓"，其實是說楚人沒有殺他。

3. 此處原文為"不穀"。但為便於讀者理解，凡楚王自稱"不穀"處，以後均改為"寡人"。

4. 事見《左傳・魯成公三年》。

5. 事見《左傳・魯襄公十七年》。

6. 《兔罝》之兔為於菟，最早由宋代王質提出，聞一多《詩經通義》亦有證明。

7. 事見《禮記・檀弓上》。對這一記載的解釋請參看張蔭麟《中國史綱》。

8. 事見《左傳·魯哀公十五年》、《孔子家語·子貢問》。

9. 事見《左傳·僖公二十八年》。退避三舍，是晉文公在公元前 637 年對楚成王的承諾。

10. 見《左傳·成公二年》。

11. 見《孟子·離婁上》。

12. 鄢陵之戰見《左傳·成公十六年》。

13. 徐中舒《士王皇三字之探源》。

14. 參看《國語·齊語》。

15. 古代乘車之法，尊者居左，御者（駕駛員）居中，又有一個人居右，以備傾側。這個人，戰時叫車右，平時叫驂乘。見《漢書·文帝紀》顏師古註。

16. 請參看雷海宗《中國的兵》（中華書局 2005 年版）及書後附錄王以欣《古代的戰爭規則和俠義精神》。本節參考該書和該文之處甚多，無法一一註明，謹此致謝！

17. 事見《左傳·僖公十九年》。

18. 見《左傳·僖公二十一年》。

19. 請參看《公羊傳·僖公二十一年》。

20. 事見《左傳·僖公八年》。

21. 事見《左傳·成公十六年》。

第四章

1. 事見《左傳·成公十六年》。

2. 《禮記·曲禮上》："君前臣名。"

3. 見《漢書·文帝紀》顏師古註，《穀梁傳·成公五年》註。

4. 事見《左傳・僖公二十三年》。

5. 據《左傳・僖公九年》，里克和丕鄭支持重耳；但據《國語・晉語二》，他們中立。

6. 晉獻公去世，是在魯僖公九年九月；里克發動兵變，是在同年十月。

7. 事見《左傳・僖公九年》、《國語・晉語二》、《史記・晉世家》。

8. 事見《左傳・僖公十年》、《史記・晉世家》。

9. 事見《左傳・僖公十四年》。

10. 見《荀子・王霸》。

11. 本節所述綜合了《左傳・僖公十五年》和《國語・晉語三》。

12. 見《左傳・僖公四年》。

13. 見《左傳・閔公二年》、《國語・晉語一》。

14. 見《國語・晉語一》。

15. 見《國語・晉語二》。

16. 據《左傳・莊公二十八年》，晉獻公"烝於齊姜"，生秦穆公夫人穆姬和太子申生。烝，就是與母親輩的女人發生性關係。齊姜是甚麼人，有爭議。

17. 事見《左傳・僖公四年》。

18. 見《國語・晉語二》。

19. 見《論語・八佾》。

20. 事見《左傳・襄公十四年》。

21. 據《左傳・僖公十年》並楊伯峻註，晉惠公即位後，佔有了故太子申生之妃。申生向狐突顯靈，稱惠公必敗於韓。

22. 事見《左傳・襄公十五年》。

第五章

1. 呂甥名飴（讀如義），是晉侯的外甥，采邑在呂（今山西省霍縣西），所以叫呂甥。又因為陰（今山西省霍縣東南）、瑕（今山西省臨猗縣附近）也是他的采邑，所以也叫陰飴甥、瑕呂飴甥。

2. 事見《左傳‧僖公十五年》。

3. 九年後，晉惠公卒，公子重耳在秦國軍隊的護送下回國為君，是為晉文公。呂甥等人策劃叛亂，謀殺晉文公未果，逃亡，被秦穆公誘殺。

4. 事見《左傳‧僖公二十六年》、《國語‧魯語上》。

5. 事見《左傳‧昭公元年》。

6. 范文瀾先生認為，以公元前 546 年的弭兵之會為界，前半段是諸侯兼併為主，大夫兼併為次；後半段，則是大夫兼併為主，諸侯兼併為次。請參看范文瀾《中國通史》。

7. 據楊伯峻《左傳‧襄公二十七年》註。

8. 此段分析，請參看童書業《春秋史》。

9. 本節事見《左傳‧襄公二十七年》。

10. 請參看《左傳‧定公八年》楊伯峻註。

11. 見《左傳‧定公八年》。

12. 本節綜合《左傳‧昭公元年》、《國語‧魯語下》。

13. 本節綜合《左傳‧僖公三十年》、《國語‧晉語四》、《史記‧鄭世家》。

14. 事見《左傳‧昭公十一年》。

15. 事見《左傳‧宣公十二年》。

16. 事見《左傳‧宣公十一年》。

17. 語見《左傳‧昭公十一年》。歲星就是木星。營室，即二十八宿的室宿，有兩顆星，即飛馬座的 α 和 β。大梁，為十二星次之一，相當於黃道十二宮的金牛宮。

18. 事見《左傳‧昭公十三年》。

第六章

1. 招降的說法，請參看童書業《春秋史》。
2. 知罃被換回一事，見本卷第三章。
3. 以上事見《左傳‧宣公十二年》。
4. 事見《左傳‧成公七年》。
5. 事見《左傳‧昭公五年》。
6. 請參看童書業《春秋史》。
7. 請參看張蔭麟《中國史綱》。
8. 事見《左傳‧僖公四年》。但立驪姬為君夫人，不在此年。
9. 事見《左傳‧昭公十七年》。
10. 事見《左傳‧僖公十五年》。
11. 事見《左傳‧閔公元年》。
12. 裨竈事跡見《左傳》之襄公二十八年、三十年，昭公九年、十年、十七年、十八年。
13. 語見《左傳‧昭公十八年》。
14. 事見《左傳‧昭公二十年》。
15. 事見《左傳‧昭公十八年》。
16. 請參看“易中天中華史”第三卷《奠基者》。
17. 請參看《國語‧魯語上》。魯國是保存周禮最完整的國家，魯人的說法是可靠的。
18. 語見《左傳‧僖公十年》。

19. 此説最早由清人顧成天《楚辭·九歌解》提出，後孫作雲、聞一多、馬茂元、陳子展、姜亮夫、郭沫若均持此説。

20. 見許慎《説文解字》。許慎還説，巫字的形象是一個人長袖善舞的樣子，但羅振玉、林義光、商承祚等諸多學者均不同意，認為字形與袖無關，與玉有關。請參看《古文字詁林》第四冊第761頁。但巫就是舞，並不錯，《九歌》可以證明。

21. 請參看錢鍾書《管錐編·楚辭洪興祖補註》。

22. 請參看王國維《宋元戲曲考·上古至五代之戲劇》。

23. 請參看吳廣平校註《楚辭》。

24. 帝子，就是即公主；北渚（讀如主），北邊水中的小洲；眇眇（讀如秒），遙遙遠望；裊裊，微風吹拂。下，讀如戶。

25. 請參看朱狄《靈感概念的歷史演變及其他》。

26. 請參看丹納《藝術哲學》。

27. 請參看溫克爾曼《古代藝術史》第四卷《論希臘人的藝術》。

28. 請參看《國語·魯語上》。

29. 均見《左傳·莊公三十二年》。

30. 請參看"易中天中華史"總序《文明的意志與中華的位置》。

附　錄

本卷所涉及的春秋戰國故事年表

前 684 年，魯宋之戰，縣賁父因馬驚而自責，衝進敵營戰鬥而死。

前 656 年，齊楚召陵之戰。驪姬逼死晉太子申生。

前 651 年，晉獻公去世，里克殺奚齊、卓子，荀息殉難。晉惠公即位，宋襄公即位。

前 650 年，晉惠公殺里克。

前 647 年，晉國發生饑荒，秦國進行人道主義救援，史稱"泛舟之役"。

前 646 年，秦國發生饑荒，向晉國購買糧食，遭到拒絕。

前 645 年，秦晉韓之戰，晉惠公被俘。一個月後被釋放，殺慶鄭。

前 639 年，宋襄公大會諸侯，被楚軍俘虜。

前 638 年，楚宋泓之戰，宋襄公堅持遵守遊戲規則，戰敗受傷。

前 637 年，宋襄公死在五月，晉惠公死在九月，晉懷公殺狐突。

前 634 年，齊伐魯，魯僖公派展喜使齊，齊退兵。

前 632 年，晉楚城濮之戰，雙方彬彬有禮宣戰。

前 630 年，晉文公聯合秦國伐鄭，叔詹和燭之武救鄭。

前 607 年，鉏麑因拒絕謀殺趙盾而自殺。晉靈公被趙穿所殺。

前 605 年，鄭靈公被殺。

前 599 年，陳靈公因夏姬故，被殺。

前 598 年，楚莊王伐陳，夏姬歸楚，被許配給楚國大夫襄老。

前 597 年，春，楚莊王伐鄭，鄭國投降。夏，晉楚之戰，襄老戰死，知罃被俘，楚軍教敗退的晉軍修車。

前 589 年，夏姬和巫臣私奔到晉國。

前 588 年，知罃被釋放。

前 584 年，巫臣使吳，教吳以車戰及外交，並聯晉伐楚。吳國崛起。

前 575 年，晉楚鄢陵之戰，戰爭中相互行禮。楚王派人慰問晉國大夫郤至，晉君車右欒鍼向楚軍將領子重敬酒。晉國下軍統帥韓厥和新軍副帥郤至，為恪守君臣之道，放棄俘虜鄭成公的機會，鄭成公的侍衛長則為掩護國君撤退戰鬥而死。

前 559 年，衛獻公因待臣無禮而被驅逐出國。

前 556 年，魯國戰士臧堅被齊軍俘虜，因不願被羞辱而自盡。

前 546 年，弭兵之會，晉楚爭當盟主，楚人先歃血。

前 543 年，蔡景公為太子娶妻於楚，私通，被弒，太子繼位，是為蔡靈公。

前 541 年，楚國令尹子圍訪問鄭國，娶公孫段之女。虢之會，季武子侵鄆，叔孫豹不以賄免。子圍弒君即位，是為楚靈王。

前 537 年，楚伐吳，蹶由使楚被扣，囚禁十四年後回國。

前 531 年，楚靈王殺蔡靈公，滅蔡，以蔡國太子祭祀社神。

前 529 年，楚國內亂，靈王自殺，蔡人復國。

前 525 年，吳伐楚，公子魴占卜，戰死。裨竈預言宋、衛、陳、鄭同日火災。

前 502 年，晉衛會盟，衛靈公讓晉國大夫執牛耳，自己先歃血，發生衝突。

前 480 年，子路戰死。

前 453 年，豫讓刺殺趙襄子未果，自盡。

前 397 年，聶政刺韓相俠累，後自盡。

前 227 年，荊軻刺秦。

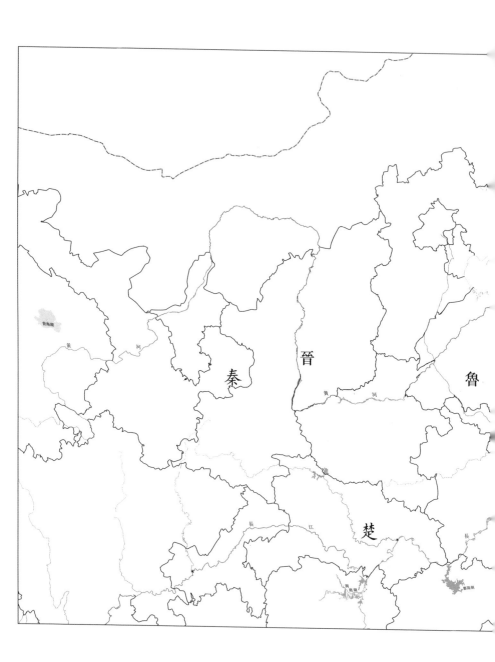

海

◎ 春秋時期諸國分佈圖